U0586923

# 重庆模拟导游

主　编◎张攀攀

副主编◎李　津　王章郡

重庆大学出版社

**图书在版编目（CIP）数据**

重庆模拟导游 / 张攀攀主编 . —重庆：重庆大学
出版社，2023.11

ISBN 978-7-5689-4223-2

Ⅰ.①重… Ⅱ.①张… Ⅲ.①导游-重庆-职业教育
-教材 Ⅳ.①K928.971.9

中国国家版本馆 CIP 数据核字（2023）第 236066 号

# 重庆模拟导游
**CHONGQING MONI DAOYOU**

主　编　张攀攀
副主编　李　津　王章郡
特约编辑：杨鸿滟
责任编辑：尚东亮　　　版式设计：尚东亮
责任校对：谢　芳　　　责任印制：张　策

\*

重庆大学出版社出版发行
出版人：陈晓阳
社址：重庆市沙坪坝区大学城西路 21 号
邮编：401331
电话：（023）88617190　　88617185（中小学）
传真：（023）88617186　　88617166
网址：http://www.cqup.com.cn
邮箱：fxk@cqup.com.cn（营销中心）
全国新华书店经销
重庆市正前方彩色印刷有限公司印刷

\*

开本：787mm×1092mm　1/16　印张：7　字数：173 千
2023 年 11 月第 1 版　　2023 年 11 月第 1 次印刷
印数：1—2000
ISBN 978-7-5689-4223-2　定价：36.00 元

前言
QIANYAN

"模拟导游"是职业教育导游专业的核心课、实践课，旨在培养导游专业学生的讲解技能、服务技能，提高学生的文化素养和职业素养，因此大多数职业院校的导游专业都开设此门课程作为旅游类专业的基础课或者选修课。

本书的创新和特色之处体现在以下几个方面。

第一，契合模块化专业课程教学的要求，按照"岗·课·赛·证"四位一体深度融合的设计思路，将课程分为五大模块。分别是导游资格考试类导游词编写及模拟讲解、导游服务技能大赛类导游词编写及模拟讲解、山水都市主题专线导游词编写及模拟讲解、长江三峡主题专线导游词编写及模拟讲解、生态民俗主题专线导游词编写及模拟讲解。将导游典型岗位的核心技能、导游大赛的主要内容、导游资格证书的考试要求等有机融入教材。

第二，以"典型任务、真实案例"为引领，按照"教·学·做·评·练"的课堂实施步骤组织教学单元，实现了"教·学·做"一体化。

第三，完善教材配套资源和数字教材建设，探索纸质教材的数字化改造，补充大量可听、可视、可练、可互动的数字化资源。此外，本书力求编排方式科学、配套资源丰富、呈现形式灵活、信息技术应用适当。

第四，总结实践经验，整合已有教学资源。在总结多年教学经验的基础上，充分利用重庆市导游专业教学资源库、"重庆模拟导游"校级精品在线开放课程、"重庆模拟导游"校本教材的已有成果，以及历年来指导学生参加全国导游资格考试的经验和各级各类导游技能大赛的获奖成果，结合当前线上线下"混合式"教学的新形势和信息技术在教育教学中的广泛应用，实现传统课堂与在线课程及网络资源的有机整合。

第五，创新教材形式，实现4C联动教学。依托本教材与教学App，尝试打造4C联动教学，即Contest（场景）+Content（内容）+Community（社群）+Connection（连接），使得课程借助教材，实现移动教学与学习；教材借助课堂，实现全方位延展；课堂借助网络，实现资源共享与社群互动。

第六，对接产业需求，推动文旅深度融合发展。重庆市"十四五"规划指出，要围绕"山水之城·美丽之地"目标定位和"行千里·致广大"价值定位，坚持"以文塑旅，以旅彰文"，实施"文化+""旅游+"战略，将重庆加快建成世界知名旅游目的地。因此，本教材在内容设计时，充分考虑重庆市当前的旅游产业发展需求，契合重庆市大都市、大三峡、大武陵三大旅游目的地产品体系的打造目标。

第七，结合当前爱国主义教育、劳动教育和美学教育的要求，充分开展课程思政，将能够突出爱国主义精神、重庆革命历史、传统地域文化、优秀民族技艺与非物质文化遗产、生态文明思想与建设的内容，融入到课堂教学和教材中。

本书由张攀攀担任主编，李津、王章郡担任副主编。具体分工如下：张攀攀负责编写模块一、模块二、模块三，李津负责编写模块四，王章郡负责编写模块五。重庆三峡职业学院经济管理学院潘多副院长、重庆文化艺术职业学院贾慧副教授对本书进行了审稿。同时，本书的编写也得到了重庆舜天国际旅行社、重庆博锐传奇国际旅行社等公司的大力支持，在此深表谢意。

本书在编写过程中，编者参阅了大量的文献资料，力求精益求精、与时俱进、实用新颖。但由于水平有限，虽反复修改，难免有疏漏之处，恳请专家和读者批评指正。

编　者

2023 年 7 月

# 模块一　导游资格考试类导游词编写及模拟讲解

## ✐ 情景导入

### 重庆市导游资格考试科目五解析

根据中华人民共和国文化和旅游部公布的《2022年全国导游资格考试大纲》，科目五考试内容为导游服务能力，各省、直辖市、自治区的考试内容完全不同。以重庆市为例，科目五的考试分为两大环节，第一环节为模拟景点讲解，第二环节为知识问答。根据现有的评分标准，模拟景点讲解环节要求多，所占分值高，是决定是否能够通过考试的关键，也是考生在备考时最困难的科目。因此，本模块以《2022年重庆市导游资格考试大纲》为例，在对考试题目及考试要求充分解读的基础上，重点学习面试题目导游词的编写及模拟讲解。

## ✐ 情景设计

假如你是旅游类相关专业的学生，已在重庆报考全国导游资格考试，请根据考试大纲备考科目五。

## ✐ 学习目标

1. 掌握重庆市导游资格考试面试题目的导游词编写技巧；
2. 能够编写符合考试要求的导游词并进行模拟讲解。

## ✐ 任务解析

1. 阅读重庆市导游资格考试科目五考试大纲；
2. 熟悉重庆市导游资格考试科目五的要求及流程；
3. 根据考试要求，编写面试导游词；
4. 以写好的导游词为基础，进行模拟导游讲解。

注：因考试大纲每年略有变化，备考时以当年最新的大纲为准。

学习资料：

2022年重庆市导游资格考试科目五考试大纲

考试内容解析：

目前重庆市导游资格考试科目五共分为两个环节。环节一为模拟景点讲解，共70分。环节二为现场回答问题，共30分。其中，模拟景点讲解环节采用室内机考的方式进行，15个考试题目（长江三峡、大足石刻、武隆天生三桥、南川金佛山、合川钓鱼城、涪陵白鹤梁、山水都市、温泉之都、江津四面山、万盛黑山谷、酉阳桃花源、奉节白帝城、云阳龙缸、彭水阿依河等）在屏幕上随机出现一个，讲解时间8分钟以内，不低于5分钟。现场回答问题环节共有3道问答题，依次出现在屏幕上，考生采用现场口答的方式完成，每题限时3分钟。此环节目前不公布题库和答案，主要考查考生的日常积累和临场应变能力。

考试评分标准：

模拟景点讲解主要考查考生对重庆市主要旅游景区知识的掌握和应用，要求考生能对考试景区进行熟练的导游讲解，讲解符合规范程序，立意符合社会主义核心价值观，内容详略得当、重点突出，具有一定讲解技巧。

导游词参考结构：

| 序号 | 讲解要点 | 时间安排 | 字数（每分钟约200字） |
|---|---|---|---|
| 1 | 开场白 | 0.5分钟以内 | 100字以内 |
| 2 | 景区或线路概况讲解 | 3~4分钟 | 700字左右 |
| 3 | 自选一个具体景点讲解 | 3~4分钟 | 700字左右 |
| 4 | 结束语 | 0.5分钟以内 | 100字以内 |
| 合计 | | 7~8分钟 | 1400~1600字 |

# 任务一 长江三峡面试导游词编写及模拟讲解

## 长江三峡简介

长江三峡西起重庆市奉节县白帝城，东至湖北宜昌市南津关，全长193千米，沿途两岸奇峰陡立、峭壁对峙，自西向东依次为瞿塘峡、巫峡、西陵峡。沿线主要景点有丰都鬼城、涪陵白鹤梁、奉节白帝城、云阳张飞庙等。从重庆朝天门出发，乘坐游轮顺江而下游览三峡，是最常见的行程安排，也是非常具有吸引力的旅游体验。

### 教：长江三峡考试大纲解析

**考试大纲**：必讲内容为长江的发源地、长度、流经省市、流域面积；长江三峡的起始点及其构成（包括每一个峡谷的名称、起始点、长度和特色）；三峡大坝所在地及坝高、蓄水位、功能等。自选景点为丰都名山、忠县石宝寨、万州大瀑布、云阳张飞庙、奉节天坑地缝、巫山小三峡、神女溪等长江三峡沿线景点。

**大纲解析**：长江三峡并不是传统意义上的景区，而是一条主题专线。因此，在准备解说词时，要充分了解相关的线路设计以及行程安排，进而提炼出模拟讲解的场景以及导游词编写的框架。在选择自选景点时，应优先选择范围明确、资料丰富、特色鲜明的景点或者自己比较熟悉的景点进行讲解。因考试时间限制，只选一个景点即可。

### 学：搜集整理资料

纪录片：《话说长江》《再说长江》

### 做：编写导游词

子任务1：根据题目要求，了解长江三峡及线路行程安排。
子任务2：观看长江三峡面试导游词编写及模拟讲解微课视频。
子任务3：根据考试大纲，编写导游词写作提纲，厘清写作要点。
子任务4：编写面试导游词，并提交至教学App。

### 评：点评提升

【例文呈现】

各位游客朋友们，大家好，我是你们今天的导游×××。今天我们要参观游览的是长江三峡，下面我给大家简单介绍一下长江三峡。

说到三峡，不得不提到长江。长江发源于我国青藏高原的唐古拉山脉，干流流经青海、西藏、四川、云南、重庆、湖北、湖南、江西、安徽、江苏、上海，跨11个省、自治区、直辖市，最后注入东海，全长约6300千米，流域面积占我国国土面积的五分之一。

当长江流经重庆东北部时，便冲开崇山峻岭，形成雄伟壮丽的长江三峡。长江三峡西起重庆奉节的白帝城，东到湖北宜昌的南津关，由瞿塘峡、巫峡和西陵峡及其间的宽谷地带组成，全长193千米。

三峡中的第一峡是瞿塘峡。瞿塘峡长8千米，是三峡中最短的一个峡。我想它应该也是最雄伟险峻的一个峡。西端入口处两岸断崖壁立相距不足一百米，形如门户名夔门，也称瞿塘峡。关山岩上，有"夔门天下雄"五个大字。瞿塘峡虽短，却能"镇全川之水，扼巴鄂咽喉"，有"西控巴渝收万壑，东连荆楚压群山"的雄伟气势，素有"夔门天下雄"之称，与"剑门天下险、峨眉天下秀、青城天下幽"并称巴渝名胜。

介绍完瞿塘峡，接下来我为大家简单介绍一下巫峡。"巴东三峡巫峡长，猿鸣三声泪沾裳"。巫峡在重庆巫山和湖北巴东两县境内，西起巫山县城东面的大宁河口，东至巴东县官渡口，绵延45千米。整个峡区奇峰突兀，怪石嶙峋，宛如一条迂回曲折的画廊，充满诗情画意，可以说处处有景，景景相连。巫峡两岸最有名的当属十二峰。宋代诗人陆游诗云："放舟下巫峡，心在十二峰。"十二峰里面又以神女峰最为著名。据唐代杜光庭《墉城集仙录》载，西王母幼女瑶姬携狂章、虞余诸神出游东海，过巫山，见洪水肆虐，于是"助禹斩石、疏波、决塞、导厄，以循其流"。水患既平，瑶姬为助民永祈丰年，行船平安，立山头日久天长，便化为神女峰。

巫峡之后，便是第三峡西陵峡。西陵峡西起湖北省秭归县的香溪口，东至湖北宜昌市的南津关，全长76千米，历史上以其航道曲折、怪石林立、滩多水急、行舟惊险而闻名。中华人民共和国成立后，随着葛洲坝水利工程建成，蓄水后水势已趋于平缓。虽然昔日的状景悄然已逝，但我们可以欣赏举世闻名的三峡工程。

三峡工程全称为长江三峡水利枢纽工程，由大坝、水电站厂房和通航建筑物三大部分组成。举世瞩目的三峡工程是迄今世界上最大的水利水电枢纽工程，具有防洪、发电、航运、供水等综合效益。

好了，各位朋友，接下来我们即将上岸参观游览云阳张飞庙。在此之前，我先给大家简单介绍一下张飞庙。

张飞庙又名张桓侯庙，始建于三国蜀汉末年，距今已有1700多年的历史。由于三峡工程的蓄水，为避免张飞庙淹没水底，从1998年开始，经过6年的艰辛工作，张飞庙从云阳的飞凤山搬迁至现在的盘石镇。我们待会儿看到的张飞庙，90%的建筑构件都是从老庙拆迁来的材料。

很多游客朋友可能要问，为何张飞庙会建在云阳呢？相传，三国时期，吴蜀交战，关羽战败而死，当时张飞正驻守阆中，听闻自己的兄弟被杀害，心中怒火重重，立即召集兵马，准备出征伐吴，为关羽报仇。他的部下张达、范强知道这次出征很难胜利，可他们害怕张飞威严，不敢劝说，于是，趁张飞醉酒睡着之时，将其杀害，并取下其头颅，准备投奔吴国。不料此时吴蜀已经和谈，两人听说后，惊恐万分，将张飞的头弃之长江。一个渔夫在打鱼时打捞起了张飞的头颅，便将他的头葬在岸边。后来，当地的百姓为其修建了庙宇以便祭拜，这就是最早的张飞庙。因此，就有了张飞"身葬阆中，头葬云阳"的说法。

游客朋友们，我的讲解就暂时告一段落，请大家随我下船上岸，一起去张飞庙参观游览。

【点评提升】

这篇导游词，能够按照考试大纲的要求进行编写，思路清晰、要点明确，基本符合面试要求。需要提高的是，在模拟讲解场景设置上，如果是晚上8点左右登船，经过一夜的航行才能抵达上午要参观游览的景点，所以在时空转换上要进行更加明确的设计和表达。另外，在张飞庙的讲解内容中，建议压缩有关传说的内容，同时加入有关张飞庙"三绝"的详细介绍，以便突出景点特色和看点。

### 练：模拟讲解

根据自己所编写的导游词，完成脱稿模拟讲解。观看"长江三峡模拟面试"学习视频，并仿照视频形式录制作业上传至教学 App。

视频资源：长江三峡面试导游词编写及模拟讲解

视频资源：长江三峡模拟面试

# 任务二 大足石刻面试导游词编写及模拟讲解

## 大足石刻简介

大足石刻是大足区境内所有摩崖造像的总称。这些造像的开凿始于初唐，历经晚唐、五代、北宋，兴盛于南宋，延续至明、清。石刻题材以佛教为主，现有造像5万余尊，以宝顶山、北山、石篆山、南山、石门山5处摩崖造像为代表，是中国晚期石窟艺术的杰出代表，于1999年列入《世界遗产名录》。

✎ **教：大足石刻考试大纲解析**

**考试大纲：** 必讲内容包括地理位置，它在中国石窟艺术史上的地位与成就，评选为世界文化遗产的时间及入选理由，全国重点文物保护单位、国家AAAAA级旅游景区，主要石刻的分布情况，石刻开凿的背景。自选一处石窟重点介绍，主要景点包括圆觉洞、牧牛图、六道轮回图、华严三圣、千手观音、卧佛、父母恩重经变相等。

**大纲解析：** 大足石刻作为一处世界文化遗产地，主要由"五山"石刻组成。其中开发为AAAAA级旅游景区的是宝顶山和北山，而自选主要景点都在宝顶山石刻。因此模拟讲解的场景建议设定在宝顶山石刻的游客中心，考生的身份可设定为讲解员。另外，自选景点建议选取体量小、特点鲜明的造像，以便在短时间内讲解清楚。

✎ **学：搜集整理资料**

网站：大足石刻研究院

纪录片：万佛出世、文明的影踪、众生的愿力、最后的丰碑、大匠之境、宝顶之光

✎ **做：编写导游词**

子任务1：根据题目要求，了解大足石刻及常规线路行程安排。

子任务2：观看大足石刻面试导游词编写及模拟讲解微课视频。

子任务3：根据考试大纲，编写导游词写作提纲，厘清写作要点。

子任务4：编写面试导游词，并提交至教学App。

✎ **评：点评提升**

【例文呈现】

各位游客大家好，欢迎来到重庆大足！我是大家的讲解员×××，接下来就由我带领大家参观游览大足石刻中最负盛名的宝顶山石刻。咱们一边走，我一边为大家讲讲大足石刻的概况。

大足石刻位于重庆市大足区境内，从唐朝初年开凿，历经五代、两宋，一直延续至明

清时期。大足区境内共有石刻造像一百多处，主要集中在宝顶山、北山、南山、石门山、石篆山这五处，又以宝顶山石刻规模最大，造像最精美。

大足石刻以规模宏大、雕刻精美、题材多样、内涵丰富、保存完好著称于世。它是中国晚期石窟艺术的典型代表，从不同侧面展示了唐宋时期中国石窟艺术风格的重大发展和变化，具有前期石窟不可替代的历史、艺术、科学价值。同时也代表了公元9—13世纪世界石窟艺术的最高水平，是人类石窟艺术史上最后的丰碑。因此，大足石刻于1999年被联合国教科文组织列入《世界遗产名录》，现为国家AAAAA级旅游景区，全国重点文物保护单位。

游客朋友们，我们现在游览的就是大足石刻的代表之一——宝顶山石刻。宝顶山位于大足区县城东北15千米处，由号称"第六代祖师传密印"的赵智凤主持修建于南宋时期，前后历时70余年，包括以圣寿寺为中心的大佛湾、小佛湾造像。宝顶山石刻以大佛湾为主体，小佛湾次之，分布在2.5平方千米的山崖上。巴蜀民间有"上朝峨眉，下朝宝顶"的说法。峨眉是指峨眉山。宝顶就是重庆大足石刻的宝顶山道场。

大佛湾位于圣寿寺左下方，是一个马蹄形的山湾，崖面长约500米，高8~25米。造像刻于东、南、北三面崖壁上。全部造像图文并茂，无一龛重复，通编为31号。小佛湾位于圣寿寺右侧，坐南面北。其主要建筑为一座石砌的坛台，坛台上用条石砌成石壁、石室，其上遍刻佛、菩萨像，通编为9号。

各位游客朋友，现在我们看到的就是千手观音像。大家请看，这尊造像由中间的主像、主像下面的四组小像和主像身后的手臂组成。中间的主像头戴八宝佛冠，额生慧目，面容温和慈祥。主像身上的手呈现出各种各样的造型，有的合掌，有的呈说法印。但是最引人注目的，是主像身后的崖壁上，密密麻麻雕刻着数不清的手臂。这些手纤细修长，千姿百态、形态各异，犹如一幅孔雀开屏的画面，令人眼花缭乱。

这些手到底有多少只呢？据说，清朝时有位负责为千手观音贴金箔的工匠，为了数清千手观音的手，每贴完一只手的金箔，就用一支竹签作为标记，最后发现共有1007支竹签。这个数据一直用到2009年。在当年的大足国际学术研讨会上，来自全国的文物专家使用投影仪实地拍摄测绘，将千手观音的影像输入计算机，通过三维制图对比，再做出素描图，一只一只编上号，总共数出829只手。2011年，大足石刻的一次修复中，专家采用了考古学的方法，把千手观音平面分成了88个探方，反复梳理每一块，最后数出崖壁上共有830只手。

千手观音造像在中国佛教造像中比较普遍。一般说来，观音造像只要有十只手及以上便可称为千手观音，常见的千手观音有32只手或48只手。宝顶山的这尊造像，虽然精确的数据没有一千只，但是由于这些手纵横交错，上下重叠，反侧相承，一眼望去令人眼花缭乱，可以说是名副其实的千手观音。我们常说"画人难画手"，要画出100只不同形状的手都很不容易，更何况石刻的近千只手，这尊造像称得上是鬼斧神工。

大家注意观察，在主像身后的每一只手中还刻有一只眼睛。据说千手象征法力无边，千眼象征智慧无穷。此外，这些手中有的还持有各种各样的法器，有些法器是南宋时期的生活用品、劳动工具甚至是战斗武器。好了，各位游客，关于千手观音我就先介绍到这里，接下来请大家自行参观游览，15分钟后我们前往下一处景点。

**【点评提升】**

本篇导游词从大足石刻的整体概况入手，着重讲解了宝顶山的概况，并选取了宝顶山最负盛名的千手观音造像进行讲解，思路清晰、内容丰富，符合导游资格考试的基本要求。在讲解千手观音造像时，建议突出有关手部造像艺术价值和文化价值的内容，如佛教造像背光设计的创新、神像人化的发展变化等。

**练：模拟讲解**

根据自己所编写的导游词，完成脱稿模拟讲解。观看"大足石刻模拟面试"学习视频，并仿照视频形式录制作业上传至教学 App。

视频资源：大足石刻面试导游词编写及模拟讲解

视频资源：大足石刻模拟面试

# 任务三　武隆天生三桥面试导游词编写及模拟讲解

## 武隆天生三桥简介

武隆天生三桥是世界自然遗产武隆喀斯特的重要组成部分，它主要由天龙桥、青龙桥和黑龙桥组成。这三座桥平行横跨在羊水河峡谷上，再加上桥和桥之间的天龙天坑和神鹰天坑，组成了"三桥夹两坑"的自然奇观。此外，作为衡量天生桥的重要指标，它们的桥面高度、桥体厚度、宽度等均居世界首位，是世界上规模最大的串珠式天生桥群。

### 教：武隆天生三桥考试大纲解析

**考试大纲**：必讲内容为地理位置、国家AAAAA级旅游景区、岩溶国家地质公园，被评选为世界自然遗产的时间及入选理由，与另外哪两个景区联合评选为"中国南方喀斯特"，天生三桥的景观特色，天生三桥形成的原因。自选一个景点重点介绍，主要景点包括天龙桥、青龙桥和黑龙桥。

**大纲解析**：必讲内容里面，要求讲解天生三桥的形成原因，要把这一点讲清楚相对来说有点难度。天生三桥的形成离不开喀斯特地貌的演化，可以从喀斯特地貌的形成条件和发育过程着手进行讲解。对于自然景观而言，导游讲解应突出科学之美，因此在自选景点讲解时，应重点突出每一座桥的形态、指标和数据等，避免讲解过多的神话传说或人造景观如天福官驿等，以免喧宾夺主。

### 学：搜集整理资料

网站：武隆旅游网
纪录片：CCTV-10科教频道　地理中国·《武隆巨坑》

### 做：编写导游词

子任务1：根据题目要求，了解武隆天生三桥景区及线路行程安排。
子任务2：观看武隆天生三桥面试导游词编写及模拟讲解微课视频。
子任务3：根据考试大纲，编写导游词写作提纲，厘清写作要点。
子任务4：编写面试导游词，并提交至教学App。

### 评：点评提升

【例文呈现】

游客朋友们大家好，欢迎大家来到武隆天生三桥景区参观游览。我是大家本次旅行的导游×××，很高兴能为大家提供导游服务。

我们现在所处的位置是景区入口处，下面请大家随我乘坐电梯下行到80米深的羊水河峡谷底部开始参观游览。与此同时，我先简单为大家介绍一下天生三桥的概况。要讲天生三桥，就不得不提"武隆喀斯特"世界自然遗产。

2007年，第31届世界遗产大会上，由重庆武隆、云南石林和贵州荔波共同组成的"中国南方喀斯特"，成功列入《世界遗产名录》。武隆喀斯特世界自然遗产主要由天生三桥、芙蓉洞和后坪天坑三部分组成，而其中最壮观的就是天生三桥。

天生三桥地处仙女山南部，由天龙桥、黑龙桥和青龙桥三座天然石桥组成。这三座石桥呈纵向排列，横跨在羊水河峡谷之上，将两岸山体连在一起。三座桥之间又有天龙天坑和神鹰天坑两个天坑，它们与三座桥一起形成了"三桥夹两坑"的奇特景观。坑与坑之间以桥相望，桥与桥之间以坑相连，构成了世界上规模最大的串珠式天生桥群。

天生三桥属于典型的喀斯特地貌景观，它是如何形成的呢？这就要从喀斯特地貌的演化说起。喀斯特地貌又叫岩溶地貌，是指具有溶蚀力的水对可溶性岩石进行以化学溶蚀作用为主，以流水的冲蚀、侵蚀和机械坍塌等作用为辅而形成的地貌。

远古时期，武隆地区发育有巨厚的可溶性岩层且降水充沛，这就为喀斯特地貌的发育提供了条件。流经此地的羊水河最初是地表河，后来地表抬升，河床下切，地表被溶蚀形成落水洞，羊水河由此成为地下河。地下河水不断地溶蚀、侵蚀河道，河道逐渐变宽，部分地方开始坍塌，崩塌物又被水流搬运一空，于是就形成庞大的地下溶洞。溶洞的顶部继续发生大面积的坍塌，完全坍塌的地方就形成了天坑，有残留的部分就形成天生桥。所以说天生桥是地下溶洞顶部未完全坍塌而残留的部分。

在天生三桥中，第一座桥是天龙桥，其特点是一桥两洞，最像人工桥。第二座桥是青龙桥，它是三座桥中垂直高差最大的一座。第三座桥是黑龙桥，它是三桥中最宽的。

游客朋友们，我们现在来到的就是天龙桥。它是三座桥中唯一一座双拱桥，由一个桥墩，两个桥孔构成。天龙桥是三桥中跨度最大的一座桥，它高大厚重、磅礴气势，以雄壮称奇。大家知道这座桥有多高吗？这座桥最高处235米，相当于七八十层楼高。桥面厚150米，桥宽147米，平均拱高96米，平均跨度34米。

请大家抬头看，天龙桥，桥洞洞壁四四方方，非常平整，就像人工打造的一样。除了酷似人工桥之外，天龙桥最奇特的地方，就是它的桥墩部分。在桥墩内部有一个迷宫型的洞穴，其中主洞长400多米，在主洞的四周发育有大大小小的通道，形成了桥中有洞，洞中有洞，洞洞相连，洞如迷宫的奇特景观。

在天龙桥的底部，有一座仿古建筑，名为天福官驿。这里是电影《满城尽带黄金甲》的外景拍摄地。2006年电影上映后，很多人都被当时的打斗场景设计所震撼。接下来就请大家随我一起走进天福官驿，去重温电影里的经典镜头吧。

【点评提升】

这篇导游词最大的特色就是将天生三桥的成因讲解得非常清楚，有条有理，有根有据。地质地貌景观，在导游讲解时，很容易讲清楚是什么，但是很难讲明白为什么。要想突破这一点，必须从它的形成条件和演化过程两个方面入手。需要进一步提升的是，在讲解天生三桥的成因时，语言还可以更加通俗易懂，避免使用过多的学术用语和词汇。

**练：模拟讲解**

　　根据自己所编写的导游词，完成脱稿模拟讲解。观看"武隆天生三桥模拟面试"学习视频，并仿照视频形式录制作业上传至教学 App。

视频资源：武隆天生三桥面试导游词编写及模拟讲解

视频资源：武隆天生三桥模拟面试

# 任务四　南川金佛山面试导游词编写及模拟讲解

## 南川金佛山简介

金佛山又名金山，古称九递山，系大娄山脉主峰，属于典型的喀斯特地貌景观。景区拥有原始独特的自然风貌、雄险怪奇的岩体造型、神秘幽深的洞宫地府、变幻莫测的气象景观、惊险刺激的绝壁栈道，于2014年6月成功荣列世界自然遗产。主要景点有碧潭幽谷、金龟朝阳、方竹林海、世界野生古杜鹃公园、金佛洞、古佛洞、金佛寺等。

### 教：南川金佛山考试大纲解析

**考试大纲：** 必讲内容为地理位置、国家级风景名胜区、国家AAAAA级旅游景区、世界自然遗产，被评选为世界自然遗产的时间及入选理由，高海拔溶洞群及其景观特色，喀斯特桌山（台原）地貌景观特征，植物群落及其特色。自选一个景点重点介绍，主要景点包括生态石林、金佛洞、古佛洞、杜鹃观赏园、卧龙潭峡谷、南天门、三叠飞瀑、银杉岗、石门宫等。

**大纲解析：** 南川金佛山也是世界自然遗产地，因此同样需要突出其自然景观的科学之美。金佛山的景观特色非常明显，无论是高海拔溶洞群，还是喀斯特桌山地貌，或者是植物群落及生物多样性，都涉及比较专业的词汇和表达方法，需要在编写导游词时进行详细地阐释。另外，金佛山景区范围很大，又分为西坡和北坡两个入口，因此在自选景点时建议选取比较有代表性的景点如生态石林、杜鹃观赏园等。

### 学：搜集整理资料

景区网站：金佛山景区官网

### 做：编写导游词

子任务1：根据题目要求，了解南川金佛山景区及常规线路行程安排。
子任务2：观看南川金佛山面试导游词编写及模拟讲解微课视频。
子任务3：根据考试大纲，编写导游词写作提纲，厘清写作要点。
子任务4：编写面试导游词，并提交至教学App。

### 评：点评提升

**【例文呈现】**

游客朋友们，大家好！欢迎大家来到重庆南川金佛山。我是大家今天的导游×××，很高兴能为大家服务。

现在请大家随我一起乘坐观光车进入景区，在此期间我先向大家介绍一下金佛山的概况。金佛山又名金山，古称九递山，属大娄山山脉，由金佛、箐坝、柏枝等108峰组成。主峰凤凰岭又叫风吹岭，海拔高2238米，是大娄山脉最高峰。金佛山就像高昂的龙头，雄踞在这条山脉北端。每当夏秋晚晴，落日斜晖把层层山崖，映染得金碧辉煌，如一尊金身大佛，闪射万道霞光，"金佛山"由此得名。

2014年，由重庆金佛山、广西桂林、贵州施秉和广西环江共同组成的"中国南方喀斯特"第二期，成功列入《世界遗产名录》。

大家都知道喀斯特地貌在我国分布广泛，那金佛山因何能成为世界自然遗产呢？这就是因为金佛山拥有独特的喀斯特地貌奇观。

首先，金佛山拥有独特的喀斯特桌山地貌，堪称世界喀斯特桌山地貌的典范。顾名思义，桌山就是像桌子一样的山。常见的山体都是高低起伏的，有着尖尖的山峰。金佛山山顶和山麓的海拔虽然相差1900米，但整座山却没有异峰突起。山顶山势平缓，四周围绕陡崖，就像是一张巨大的方桌，摆放在了云贵高原和四川盆地的过渡带上。有关专家从哈佛大学借来的《字林西报》胶片中发现，早在1893年，作为首批登顶金佛山的外国人之一，英国皇家地理学会的梅益盛便称金佛山是一座"Table Mountain"，也就是桌山。2013年在多次论证后，中国科学院院士袁道先与国际专家学者一起将金佛山定性为喀斯特桌山，这一地貌形态在中国南方独树一帜，在全球也极为少见。

其次，金佛山拥有巨大而古老的高海拔地下洞穴系统。经探测发现，金佛山顶部海拔1800~2100米的范围内，发育有3个巨大而古老的高海拔地下洞穴系统。这些洞穴系统探测长度近30千米，洞宽20~120米，高10~80米，洞穴沉积物年代约在80万年前，反映了金佛山地区水文地质和古喀斯特地貌演化环境的重大变迁，成为具有突出研究价值的高海拔水平洞穴系统。

再次，金佛山拥有多彩的地表喀斯特景观。其地表喀斯特主要表现为溶丘洼地、落水洞、石林、岩柱等，并伴有冰雪、雾凇、云海、日出等自然天象景观。

最后，金佛山拥有丰富的物种多样性。国家一级重点保护的有银杉、银杏、珙桐等16种。又有银杉、方竹、大树茶、古银杏、杜鹃王树并称"金佛山五绝"，银杉更是被称为"植物活化石"。

除了自然景观，金佛山还有悠久的熬硝历史与丰富的熬硝遗迹。我国古代四大发明之一的火药，主要成分就是硝。金佛山上洞穴内机械堆积物分布广泛，其沙黏土层含有丰富的硝酸盐、硫酸盐矿物，为古代先民炼硝制造火药提供了基础原料。至今洞穴内还保留有大规模炼硝的遗迹，大大小小的硝土堆不下百个，是世界上最大的地下采硝工厂之一。熬硝历史可追溯到700多年前，为中国火药制造及早期化学工业发展提供了依据。

金佛山景区由天星小镇、碧潭幽谷、方竹林海、杜鹃观赏园等部分组成。现在我们来到的是位于杜鹃观赏园内的方竹林海。我国很多地方都有竹子，金佛山的竹子又有何不同呢？

第一，金佛山方竹品种非常独特。1940年，金佛山的原生种巴竹被正式命名为金佛山方竹。方竹幼竹竿呈圆形，成材时竹竿略呈四方形，竹节头带有小刺枝。金佛山的方竹多达16万亩，是我国是面积大、最集中、最完整的方竹林。

第二，金佛山方竹的生长习性与众不同。《齐民要术》记载："笋皆四月生，唯巴竹笋，八月生，尽九月。"我们都知道，一般的竹笋生长期都在春季，因此有雨后春笋的说法。但是在金佛山，方竹笋一般在八月破土而出，九月才会长成。所以要想吃金佛山的方竹笋，就一定要在九月之后，因为这个时候方竹笋才最鲜嫩，营养价值也最高。

游客朋友们，关于方竹林海我就先简单介绍到这里。现在请大家自行参观游览，十五分钟后我们继续前往下一个景点。

【点评提升】

本篇导游词在概况部分能够把金佛山的喀斯特桌山地貌讲解清楚，并且引用了大量的文献资料，非常难得。需要提升的是，在讲解生物多样性时，仅仅列举了"金佛山五绝"植物，并未完全解释生物多样性的含义以及金佛山丰富的生物多样性是如何体现的，建议对此稍加补充说明。

✏️ **练：模拟讲解**

根据自己所编写的导游词，完成脱稿模拟讲解。观看"南川金佛山模拟面试"学习视频，并仿照视频形式录制作业上传至教学App。

视频资源：南川金佛山面试导游词编写及模拟讲解

视频资源：南川金佛山模拟面试

# 任务五　合川钓鱼城面试导游词编写及模拟讲解

## 合川钓鱼城简介

钓鱼城位于重庆市合川区嘉陵江南岸5千米处钓鱼山上，占地2.5平方千米。传说有一巨神在这钓嘉陵江中的鱼，以解一方百姓饥馑，山由此得名。钓鱼城下三江环绕，俨然兵家雄关，是驰名巴蜀的远古遗迹，也是创造中外战争史奇迹和改写世界中古历史的英雄名城。作为至今中国保存最完好的古战场遗址，现存有8千米的城垣、8座城门，以及炮台、水军码头、兵工作坊、武道衙门、校场等众多的南宋军事及生活设施遗址，有远古遗迹钓鱼台、天泉洞、薄刀岭、三龟石、唐代悬空卧佛、千佛崖、弥勒站佛、护国寺等，还有文天祥、刘克庄、杨慎、陈毅、郭沫若等历代名人的吟咏、题记。

### 教：合川钓鱼城考试大纲解析

**考试大纲：**必讲内容为地理位置、全国重点文物保护单位、国家级重点风景名胜区，它对中国历史乃至世界历史的重大影响，"独钓中原36年"概要，"上帝折鞭处"概要。自选一个景点重点介绍。主要景点包括钓鱼台、护国门、护国寺、忠义祠、悬空卧佛等。

**大纲解析：**在概况部分，要求讲解"独钓中原36年"概要，其实就是要讲解钓鱼城在南宋抗蒙战争中的地位，以及钓鱼城之战的前因后果。作为国内保存完好的南宋抗蒙战争遗址，自选景点建议选取钓鱼台、护国门等与景区特色和主题紧密相关的景点。

### 学：搜集整理资料

景区官方微信：钓鱼城遗址微信公众号

### 做：编写导游词

子任务1：根据题目要求，了解钓鱼城景区及线路行程安排。
子任务2：观看合川钓鱼城面试导游词编写及模拟讲解微课视频。
子任务3：根据考试大纲，编写导游词写作提纲，厘清写作要点。
子任务4：编写面试导游词，并提交至教学App。

### 评：点评提升

【例文呈现】

游客朋友们，大家好。欢迎来到合川钓鱼城景区参观游览，我是大家今天的导游×××。下面请大家随我一同进入景区，同时我也为各位简单介绍一下钓鱼城。

钓鱼城位于重庆市合川区嘉陵江南岸的钓鱼山上，占地约2.5平方千米，这里是目前国内保存完好的南宋抗蒙战争遗址、全国重点文物保护单位。钓鱼城的主要景观有城门、城墙、钓鱼台、步军营、水军码头等历史遗迹,有护国寺、悬空卧佛、千佛石窟等名胜古迹,还有着元、明、清三代遗留的大量诗赋辞章、浮雕碑刻。

要想全面了解钓鱼城,首先要从南宋末年的宋蒙之战说起。公元1235年,南宋与蒙古之间的战争全面爆发。巴蜀地区在相当长一段时期里成为蒙古攻宋的首要目标。公元1243年,为抵抗蒙古入侵,四川制置史兼重庆知府余玠开始修筑钓鱼城并迁合州治所于此,并全面构筑了巴蜀一带山城防御体系。

公元1251年,成吉思汗之孙蒙哥继承汗位,他雄心勃勃,决心开疆拓土,建树功业。在1252年,蒙古开始向欧洲、南宋、高丽分别派出了三队大军。当时的南宋危在旦夕,所能依靠的屏障只有长江天险。意图灭亡南宋的蒙古大军挥师南下,兵分两路,东路军经过陕西进入中原,计划夺取襄阳之后南下鄂州(也就是湖北),西路军则计划沿着嘉陵江一路向南,扫平四川后沿长江到湖北和东路军汇合,最后再浮江东下直取杭州,也就是当时南宋都城临安。

说到这儿了呢,可能大家会有疑问,既然目标是杭州,直接从江淮平原南下不是更方便,为什么要从四川再到杭州呢?历史学家研究发现,蒙古这样出兵主要就是为了阻断南宋的经济来源。四川自古就是富庶之地,当时南宋的国库收入一半就来自四川。

为确保计划的顺利实施,公元1257年,蒙哥亲自率蒙军主力攻四川。公元1258年,蒙古大军兵临钓鱼城,却久攻不下。到了第二年,也就是公元1259年,蒙古兵败合川,蒙军撤退,蒙哥逝于温泉寺,钓鱼城之战取得阶段性的胜利。直到公元1279年正月,南宋灭亡之后,当时的守将王立为保一城百姓,开城降元,钓鱼城全身而退,无屠城之灾。钓鱼城之战也就结束了。

从1243年在钓鱼山筑城抗击蒙军到1279年守将王立开城降元,钓鱼城之战整整持续了36年,它创造了中外战争史上的奇迹,并且在中国历史和世界历史上都具有深刻的影响。

首先,它扰乱了蒙军统一中原的计划,让南宋继续存活了几十年,为汉文化的延续创造了条件。此外,蒙哥战死之后,蒙古贵族之间开始了长时间的内部争斗,从各地全面撤军,减缓了蒙古对中、欧、亚等地的扩张之势,间接影响了当时的世界格局。

游客朋友们,我们眼前这座高大雄伟的城门,就是钓鱼城上有名的"护国门"。它位于城南第二道防线上,是钓鱼城的标志性建筑。在钓鱼城8座城门中,护国门是规模最大的一道雄关。它右边靠着峭壁,左边挨着悬崖,有"一夫当关,万夫莫开"之势。

护国门的上部为重檐歇山顶式城楼,下面是狭小的门洞,门洞上刻有"巴渝保障"四个大字。大家看,在护国门右侧的崖壁上有许多大大小小的石孔。这是用来做什么的?这就是当年修建栈道遗留下来的。古代驻守在这儿的军民,并没有我们现在这么方便的石梯。他们采用的是过河拆桥的方式。当年,钓鱼城军民曾在护国门前面的峭壁上开凿石穴,架梁铺木,施以栈道出入。情况紧急之时,可迅速地将横梁上的木板抽掉,使其通道断绝,犹如我国北方古城的城门吊桥。

游客朋友们,关于护国门我就先介绍到这里,接下来请大家自行参观游览,15分钟后我们继续前往下一处景点。

【点评提升】

本篇导游词比较详细地介绍了钓鱼城之战的来龙去脉，使游客能够明白当时的战争背景、经过和结果，这在导游讲解中是不多见的。需要提升的是，在讲解钓鱼城之战的基础上，可以再深入地补充说明一下钓鱼城的天时地利人和，也就是钓鱼城为什么能够独钓中原36年。这样就更能突出钓鱼城的历史价值和功绩，也能解答游客的疑惑，为什么蒙古大军所向披靡，战无不胜，但是却在钓鱼城兵败撤退。

✎ **练：模拟讲解**

根据自己所编写的导游词，完成脱稿模拟讲解。观看"合川钓鱼城模拟面试"学习视频，并仿照视频形式录制作业上传至教学App。

视频资源：合川钓鱼城面试导游词编写及模拟讲解

视频资源：合川钓鱼城模拟面试

## 任务六　涪陵白鹤梁面试导游词编写及模拟讲解

### 涪陵白鹤梁简介

白鹤梁位于重庆涪陵区城北长江中，原本是一道长 1600 米、平均宽度 15 米的天然石梁。因古时常年有白鹤群集梁上，又传说北魏时期尔朱真人在此修炼，乘白鹤仙去，因此得名白鹤梁。唐代广德元年（公元 763 年），有人在白鹤梁的长江最低水位线，镌刻了两尾石鱼，作为观测长江枯水水位的独特水标。至此，每当长江水枯落，白鹤梁石鱼出水，人们通过观察鱼眼与水面之间的距离，来判断长江水枯程度，并因此在石梁上留下了众多诗文图案和石刻文字题记，这些都是极其重要的古代水文观测记录，白鹤梁遂成涪陵一盛景。

### ✎ 教：涪陵白鹤梁考试大纲解析

**考试大纲：** 必讲内容为地理位置，景点构成，水文题刻的主要内容与科学价值，文化题刻的主要内容，水下博物馆的主体构成及其运用的主要科学原理，针对景点特色着重讲解"世界第一古代水文站"概要，文物价值、艺术价值、考古价值，水下博物馆概要等。

**大纲解析：** 涪陵白鹤梁目前已是一处水下博物馆，所以在讲解概况时应讲清楚白鹤梁、白鹤梁题刻、白鹤梁水下博物馆的关系与演变过程。另外，在讲解白鹤梁题刻的科学价值时，应注意水文题刻与"世界第一古代水文站"之间的关联。虽然本篇的考试大纲未列举自选景点，但是建议选取石鱼水标题刻、"元符庚辰涪翁来"文化题刻等进行讲解，以突出白鹤梁的观赏价值。

### ✎ 学：搜集整理资料

景区官方网站：重庆市文化和旅游发展委员会（https://whlyw.cq.gov.cn/）——重庆白鹤梁水下博物馆

### ✎ 做：编写导游词

子任务 1：根据题目要求，熟悉涪陵白鹤梁及游览线路行程安排。
子任务 2：观看涪陵白鹤梁面试导游词编写及模拟讲解微课视频。
子任务 3：根据考试大纲，编写导游词写作提纲，厘清写作要点。
子任务 4：编写面试导游词，并提交至教学 App。

### ✎ 评：点评提升

**【例文呈现】**

游客朋友们，大家好！欢迎来到涪陵白鹤梁水下博物馆参观游览。我是大家今天的导游×××。现在我们所处的位置是一楼的接待中心，下面请大家随我一同进入博物馆水下部分参观游览。在此期间，我给大家简单介绍一下白鹤梁。

白鹤梁原本是涪陵城北长江中一块约1600米，宽16米的天然巨型石梁，只在枯水年份的12月至次年3月的枯水期才露出水面，余皆隐没水下。因早年常有白鹤群集其上而得名。

唐代广德元年（公元763年），时人在白鹤梁的长江最低水位线，镌刻了两尾石鱼，作为观测长江枯水水位的独特水标。至此，每当长江水枯落，白鹤梁石鱼出水，人们通过观察鱼眼与水面之间的距离，来判断长江水枯程度，因此在石梁上留下了众多诗文图案和石刻文字题记。

白鹤梁涨水隐没，水枯显露，四季一现的情景，形成了长江中上游一道独特的风景。文人雅士、官吏商贾过往涪陵，如果遇到白鹤梁露出水面，便会结伴泛舟而至，驻足梁上，吟诗作赋，题铭记事。

至今，梁上镌刻着自公元763年（唐代广德元年）以来的中国历朝历代题刻165段，3万余字，其中石鱼18尾，观音2尊，白鹤1只，留名者多达700余人。

在白鹤梁165段中国历朝历代题刻、图像中，与水文有关的题刻多达108段，持续记录了从公元763年至公元1963年，1200多年间72个年份里长江的枯水位，反映了长江中上游的水文变化规律，具有极高的科学价值。

除了水文题刻，梁上还有黄庭坚、朱昂、秦九韶、王士祯、黄寿等人的诗文题刻。这些题刻诗文词句优美流畅，书法艺术价值更是异常珍贵，字体篆、隶、行、草皆备，风格颜、柳、黄、苏并呈，集唐、宋、元、明、清历代书法之大成，还有浅浮雕、深浮雕、线雕、花边和少数民族文字等，风格各异，精彩纷呈。其水下碑文之多，历史之悠久，内容之丰富，形式之多样，堪称世界水下一大奇观，被誉为"水下碑林"。

因三峡水库修建，库区水位上涨，白鹤梁将永沉江底。为实现对白鹤梁题刻的原址保护，最终采用了中国工程院院士、上海交通大学葛修润教授提出的"无压容器"水下博物馆保护方案。这个方案的核心就是在白鹤梁上修建一个拱形罩体，内置过滤后的长江水，使得罩体内的水压与外部长江水压达到相对平衡，形成无压容器。容器采用先进的设备及技术对长江水进行沉淀、消毒、活性炭去淤等，以减少对题刻文字的侵蚀。同时，从岸边修建两条廊道直达水下，在数十米的水下观赏题刻。

2009年5月18日，历时7年，总投资2.1亿元人民币的白鹤梁水下博物馆建成并对外开放，成为国内外同类文化遗产成功保护展示的首例。

涪陵白鹤梁水下博物馆由"水下题刻保护体""水下廊道"和"地面陈列馆"三个部分组成。我们现在看到的就是保护体内的白鹤梁题刻精华部分。透过玻璃窗，我们可以清楚地看到石梁上密密麻麻分布着大大小小的题刻，有的是文字，有的是图案。其中，这一幅"双鲤石鱼水标"最具水文价值，被誉为"长江标准眼"。这幅题刻由模糊不清的唐代残鱼和清代涪州州牧萧星拱命人在相同位置所重新镌刻的两尾石鱼组成，旁边还有一首宋代刘忠顺写的古诗。

1963年，考古专家来到白鹤梁上进行考察，并对清代双鱼鱼眼进行了精确地测量，惊奇地发现，两尾石鱼眼睛的高程与川江航运部门涪陵地区的水位零点在同一水平线上。此外，考古专家又探测出唐代所刻残鱼的腹高相当于长江涪陵段历年枯水位的平均值。

1974年在巴黎召开的国际水文工作会议上，中国代表团以《涪陵石鱼题刻》为题，向大会提交报告，白鹤梁的科学价值遂得到世界公认，被誉为"世界第一古代水文站"。

好了，各位游客，关于白鹤梁及石鱼水标我就先介绍到这里，接下来请大家随我前往地面二楼陈列室继续参观游览。

【点评提升】

本篇导游词从白鹤梁的形态讲到梁上的题刻及价值，进而讲到白鹤梁题刻水下博物馆的修建，层次分明，逻辑清晰。需要提升的是，前面概况部分突出了白鹤梁题刻的科学价值，后面自选景点"双鲤石鱼水标"的讲解却不够全面深刻，建议在此基础上继续挖掘"石鱼出水兆丰年"这一谚语背后所蕴含的水文规律和现实意义。

### 练：模拟讲解

根据自己所编写的导游词，完成脱稿模拟讲解。观看"涪陵白鹤梁模拟面试"学习视频，并仿照视频形式录制作业上传至教学App。

视频资源：涪陵白鹤梁面试导游词编写及模拟讲解

视频资源：涪陵白鹤梁模拟面试

# 任务七　山水都市面试导游词编写及模拟讲解

## 山水都市简介

重庆位于中国内陆西南部、长江上游地区，面积8.24万平方千米，下辖38个区县，人口以汉族为主，少数民族主要有土家族、苗族。重庆是一座独具特色的"山城和江城"，地貌以丘陵、山地为主，其中山地占76%；长江横贯全境，流程691千米，与嘉陵江、乌江等河流交汇。1997年直辖后，重庆圆满完成三峡百万移民搬迁安置任务，经济社会发展各项事业取得显著成就，成为国家重要中心城市和长江上游地区经济中心。

### 教：山水都市考试大纲解析

**考试大纲**：必讲内容为自然地理要素（地理位置、地貌特点、气候特点等），行政区划（辖区面积、下辖区县或自治县数量等），现代山水城市的风貌和特点，人口、民族概况，历史沿革（名称由来、三次建都、最近一次直辖等重大历史事件），城市布局及其特点。自选一处景点讲解，主要景点包括重庆夜景、重庆人民大礼堂、人民解放纪念碑、朝天门广场、重庆湖广会馆、磁器口古镇、歌乐山革命烈士陵园、红岩革命纪念馆、周公馆等。

**大纲解析**：这一考试题目来源于重庆的"山水都市"主题精品旅游线路。因此在场景设置时，一般是从酒店或机场车站码头接站后带领游客乘车开始市内游。在此情形下，概况部分在讲解重庆市情与市容市貌时，需要重点突出山水都市的现代都市风貌和特点，如山城、江城、桥都等称号，以及主城都市区"一岛两江三谷四岭"的结构布局等。

### 学：搜集整理资料

官方网站：重庆市人民政府网（https://www.cq.gov.cn/）走进重庆——市情概况
纪录片或宣传片：重庆城市宣传片

### 做：编写导游词

子任务1：根据题目要求，了解山水都市主题旅游线路行程安排。
子任务2：观看山水都市面试导游词编写及模拟讲解微课视频。
子任务3：根据考试大纲，编写导游词写作提纲，厘清写作要点。
子任务4：编写面试导游词，并提交至教学App。

### 评：点评提升

【例文呈现】

各位游客，大家好！欢迎来到山城重庆！我是大家"山水都市一日游"的地陪导游×××。今天我们行程的第一站是人民大礼堂。在抵达目的地之前，我先为大家简单介绍一下重庆。在听我讲解的同时，朋友们也可以感受一下重庆独特的城市风貌。

重庆位于中国内陆西南部、长江上游地区，面积8.24万平方千米，辖38个区县，常住人口3100多万，是我国面积最大的直辖市，也是中国历史文化名城，有文字记载的历史达3000多年。

公元前11世纪至公元前316年，巴人以重庆为首府，建立了巴国，重庆成为巴渝文化的发祥地。因嘉陵江古称"渝水"，故重庆又简称"渝"。北宋崇宁元年，也就是1102年，改渝州为恭州。南宋淳熙十六年，即公元1189年，宋光宗赵惇先封恭王再即帝位，称为"双重喜庆"，于是升恭州为重庆府，重庆由此而得名。

1891年，重庆成为中国最早对外开埠的内陆通商口岸。1929年，重庆正式建市。抗日战争时期，重庆是国民政府陪都和世界反法西斯战争远东指挥中心。抗日战争时期和解放战争初期，以周恩来同志为代表的中共中央南方局，在重庆负责领导国统区、港澳及海外地区的党组织和统一战线工作，形成了著名的"红岩精神"。

新中国建立初期，重庆为中央直辖市，是中共中央西南局、西南军政委员会驻地。1997年3月，为带动西部地区和长江上游地区的经济社会发展，统一规划实施百万三峡移民计划，在八届全国人大五次会议上，批准设立重庆直辖市。

直辖以来，重庆已发展成为中国西部最大的城市、国家中心城市、长江上游的经济中心，社会、经济发展取得显著成就。2019年4月，习近平主席亲临重庆视察指导，对重庆提出"两点"定位、"两地""两高"目标、发挥"三个作用"和营造良好政治生态的重要指示要求，为新时代重庆改革发展导航定向。

各位朋友，在行车的途中，想必大家已经发现，重庆城区的建筑，都修在高高低低的山上，连接这些建筑和街区的道路，也是弯弯曲曲。不仅如此，我们的大巴车一会儿过桥，一会儿钻隧道，上山下坡，几乎没有走过平路。

因为整个重庆的地形地貌以丘陵、山地为主，其中，山地占76%，所以，重庆有"山城"之称。长江自西南向东北，横贯重庆全境，流程691千米。嘉陵江由南向北，在朝天门注入长江，形成了重庆的母城——渝中半岛。主城区外，还有渠江、涪江、乌江、阿蓬江等，因此重庆又有"江城"之称。独特的地形条件，使得重庆修路就得架桥。长江上有长江大桥，嘉陵江上有嘉陵江大桥，过街要修人行天桥，交通要道要修立交桥，重庆还成为名副其实的桥都。所有的这些特色，不仅造就了重庆独特的样貌，还形成了"轻轨穿楼""皇冠大扶梯""长江索道"等一大批网红景点，更被网友戏称为"逼疯司机，弄哭导航"的"8D魔幻城市"。

好了，各位朋友，说话间我们就来到了行程中的第一站大礼堂。接下来请大家随我一同下车参观游览。

游客朋友们，现在我们所处的位置是人民广场，正对面就是重庆的标志性建筑——人民大礼堂。大家请看，在我们眼前是一座古香古色的牌坊，它四列三跨，采用了钢筋混凝土结构的仿木建筑形式，上面写着"重庆市人民大礼堂"八个金色大字。穿过牌坊，我们可以看到，整座大礼堂修建在一处高台上面，显得格外雄伟庄严。正中间的主体建筑，就是通高55米的礼堂。它看上去是不是有点眼熟呢？没错，大礼堂的主体建筑部分仿的就是北京天坛祈年殿的重檐攒尖顶造型。礼堂的左右两侧是南北两个配楼，背后还有一个东配楼，采用的则是廊柱式长楼的样式。整体建筑布局中轴分明，左右对称，端庄典雅。由于其结构精巧，风格独特，大礼堂和设计师张家德先生，一并被载入了英国皇家建筑学会出版的《建筑史》，因此在海内外都有较高的知名度。

　　好了，各位游客，关于礼堂的概况我就先介绍到这里。接下来，请大家随我进入礼堂内部继续参观游览。

【点评提升】

　　本篇导游词先在车上讲解了重庆概况，后带领游客下车现场参观游览重庆市人民大礼堂，基于考试题目的场景设定非常恰当。需要提升的是，在概况部分，除了山城、江城、桥都等称号外，还可以从重庆都市核心区的结构、布局、发展演变等方面进行讲解，以突出山水都市的风貌和特点。

## 练：模拟讲解

　　根据自己所编写的导游词，完成脱稿模拟讲解。观看"山水都市模拟面试"学习视频，并仿照视频形式录制作业上传至教学 App。

视频资源：山水都市面试导游词编写及模拟讲解

视频资源：山水都市模拟面试

# 任务八　温泉之都面试导游词编写及模拟讲解

## 温泉之都简介

重庆市范围内已探明的温泉分布区域有1万平方千米，已探明温泉水储量为5.6亿吨，日可开采温泉资源量为121万吨。现有温泉资源单体163处，温泉总出水量32.85万立方米/天，实际利用总量为8.35万立方米/天，仅占总量的25.42%，开发利用空间较大。2011年国土资源部正式向重庆"中国温泉之都"授牌。2012年10月，因为拥有世界顶级温泉地热资源，世界温泉及气候养生联合会授牌重庆为"世界温泉之都"，自此重庆温泉成为享誉世界的名片。

### 教：温泉之都考试大纲解析

**考试大纲：**必讲内容为世界温泉之都概要，中国最早的温泉概要，温泉资源数量及其分布，温泉的种类和特点，已经开发开放的主要温泉景区概况，温泉之都的战略目标等。自选一个景点重点介绍，主要景点包括柏联SPA温泉（北温泉）、贝迪颐园温泉、天赐温泉、统景温泉、南温泉、东温泉组团、融汇国际温泉城等。

**大纲解析：**这一考试题目来源于重庆丰富的温泉资源以及建设世界一流的温泉旅游城市和温泉疗养胜地的发展规划。因此在场景设置时，一般是从酒店或机场车站码头接站后带领游客乘车前往温泉景区进行休闲体验。在此情形下，概况部分和自选景点的讲解，都需要重点突出温泉资源、温泉品质以及温泉的开发利用情况，避免过多讲解温泉景区的其他景观。

### 学：搜集整理资料

网站：重庆市文化和旅游发展委员会（https://whlyw.cq.gov.cn/）——重庆市温泉旅游发展规划——世界温泉之都品牌提升规划（2021—2035）

### 做：编写导游词

子任务1：根据题目要求，了解温泉之都主题旅游线路行程安排。
子任务2：观看温泉之都面试导游词编写及模拟讲解微课视频。
子任务3：根据考试大纲，编写导游词写作提纲，厘清写作要点。
子任务4：编写面试导游词，并提交至教学App。

### 评：点评提升

**【例文呈现】**

亲爱的游客朋友们，大家好，欢迎大家来到享有"世界温泉之都"美誉的重庆旅游，我是大家此次行程的导游×××。我们现在从酒店出发，乘坐大巴车前往统景温泉进行休闲体验。在抵达目的地之前，我先简单介绍一下重庆这座世界温泉之都的概况。

首先，重庆温泉开发的历史悠久，有着深厚的文化积淀。传说，轩辕黄帝曾在缙云山下的北温泉创造"温汤和药"，救治百姓。南朝刘宋景平元年，也就是423年，距今已经近1600年，佛教高僧慈应大师在北温泉创建了"温泉寺"。寺庙以温泉命名，说明北温泉的开发利用时间应该比建寺还要早。因此，可以说北温泉是我国最早的温泉。

其次，重庆温泉资源数量非常多，分布也非常广泛。在重庆8.2万平方千米的范围内，已探明的温泉分布区有1万平方千米，探明的温泉点约有100多处，具有"山山有热水，峡峡有温泉，储丰质优，形多面广，相对集中，永续利用"的特征。

再次，重庆的温泉类型多样，水质优良。从温度上来说，重庆的温泉水温以中高温泉居多，水温在32度以上的有100多处。从类型上来说，重庆的温泉主要有硫酸盐型、重碳酸盐型和氯化物型，这三种类型的温泉分别具备国内外医学研究已经认定的疗效，并且大部分温泉都含有30种以上的矿物质和微量元素，普遍达到国家关于医疗矿泉的标准。

依托悠久的温泉历史文化和丰富的温泉资源，早在2005年，重庆就提出了打造"温泉之都"的战略目标。2011年初，重庆市、天津市、福州市以丰富的地热资源储量和开发利用成果被原国土资源部评选为首批"中国温泉之都"。2012年，世界温泉及气候养生联合会第65届年会暨国际科学大会在融汇温泉举行。经来自16个国家和地区的70多名全球顶级专家评审通过，重庆成为全球首个"世界温泉之都"。联合会主席尼古拉·斯托拉赞科向重庆市人民政府授予"世界温泉之都"的牌匾。

目前重庆开发利用较好的温泉主要是"五方十泉"。所谓"五方十泉"，指的是在重庆主城都市区"东西南北中"五个方位上，重点开发的一些温泉项目。具体来说，东边有东温泉，还有桥口坝温泉；南边有南温泉，保利小泉；西边有天赐温泉与贝迪温泉；北边有北温泉，以及被历代文人服生赞为"武陵仙境"的统景温泉。中间有海棠晓月温泉、融汇温泉等。

好了，各位游客朋友们，我们还有十多分钟就要到达今天的目的地统景温泉了。在下车之前，我先为大家简单介绍一下。

统景温泉景区是以统景温泉为中心，以天然温泉为特色的一处国家AAAA级景区。它位于重庆市渝北区东部御临河畔，以"统景峡猿"居"古巴渝十二景"之首，统揽山、水、林、泉、峡、洞、瀑、天池、小岛、古寨、鹰群诸景。

统景温泉因其流量大、类型多、水温高、水质优、科学价值高等显著特点，位居西南第一。这里有天然温泉25处，日用量可达3万吨，平均温度35~52℃，最高达62℃，此外还有涌沙泉、悬挂泉、珍珠泉、地震增生泉等多种温泉类型，是全国最大、最集中的温泉群。

从品质上来说，统景温泉富含多种矿物质成分和微量元素，对美容健身，治疗运动创伤、关节炎、神经损伤、神经炎，以及早期轻度心血管系统疾病、痛风、皮肤病等具有显著疗效。

听我说了这么多，大家一定迫不及待了吧。不过在此之前，我还是得向大家说一下泡温泉的注意事项。泡温泉之前要清洁身体，但也不要使劲搓洗。在选择温泉的时候，比体温略高就可以，每15分钟最好休息一下，尤其是老人和小孩不要泡得太久，同时记得多喝水。在热腾腾的温泉池里，爱美的女性可以敷上面膜，或用冷毛巾抹抹脸，更有利于美容。温泉水中含矿物质，泡过温泉后尽量少用沐浴液，用清水冲身更有利于保持附着在皮肤上的矿物质。泡温泉前一定要把身上的金属饰品摘下来，否则首饰会被泉水中的矿物质"染黑"。

好了，各位游客朋友们，我们即将到达目的地，大家整理好自己的随身物品随我下车。大家一起去体验一下吧。

【点评提升】

本篇导游词在必讲内容部分，重点讲解了重庆温泉的开发历史、资源数量、分布特点、温泉品质等，也提到了重庆的温泉开发战略。需要注意的是，在2021年，重庆发布了"世界温泉之都"品牌提升规划（2021—2035），规划内对重庆的温泉资源有最新的探测数据，对重庆温泉的类型也有详细分析，建议以此为参照更加有说服力。另外，在有限的考试时间内，建议尽量不讲或少讲有关泡温泉的注意事项，以突出重点内容。

✏️ **练：模拟讲解**

根据自己所编写的导游词，完成脱稿模拟讲解。观看"温泉之都模拟面试"学习视频，并仿照视频形式录制作业上传至教学App。

视频资源：温泉之都面试导游词编写及模拟讲解

视频资源：温泉之都模拟面试

# 任务九　江津四面山面试导游词编写及模拟讲解

## 江津四面山简介

四面山景区位于重庆西南部的江津区，地处渝川黔旅游金三角核心地带。景区面积213.37平方千米，海拔高度1000~1500米，主要有望乡台、土地岩、龙潭湖、洪海、珍珠湖、水口寺等六大核心景区。以"奇山""异水""红石""厚文"四大景观为特色，是一处生态环境优美、旅游资源丰富的国家AAAAA级景区。

### 教：江津四面山考试大纲解析

**考试大纲**：必讲内容为地理位置及其区位特点、国家级风景名胜区、国家AAAAA级旅游景区、国家生态旅游示范区，丹霞地貌景观特征，"奇山、异水、红石、厚文"四大景观资源特色，植物群落特点及其珍稀植物。自选一个景点重点介绍，主要景点包括望乡台瀑布、土地岩、龙潭湖、洪海、珍珠湖、爱情天梯等。

**大纲解析**：江津四面山的必讲内容须注意突出两点：一是四面山是重庆为数不多的丹霞地貌，因此要对丹霞地貌的景观特征（顶平、身陡、麓缓）等做一个简单的介绍，但是四面山并不是"中国丹霞"世界自然遗产的组成部分，部分网络资料有歧义，引用时需要注意辨析；二是四面山的四大景观特色之一"奇山"的含义及内容，部分网络资料也有歧义，"奇山"如果指倒置山的话，一般情况下从表面上是看不出来的，只能从地质学上进行分析。另外，自选景点中的爱情天梯虽然知名度非常高，但是并未在四面山核心景区的范围内，不建议进行重点介绍。

### 学：搜集整理资料

网站：印象四面山

### 做：编写导游词

子任务1：根据题目要求，了解江津四面山主题旅游线路行程安排。
子任务2：观看江津四面山面试导游词编写及模拟讲解微课视频。
子任务3：根据考试大纲，编写导游词写作提纲，厘清写作要点。
子任务4：编写面试导游词，并提交至教学App。

### 评：点评提升

【例文呈现】

各位朋友，大家好，欢迎来到江津四面山旅游。我是大家的讲解员×××。接下来请大家随我一同进入景区，我先为大家简单介绍一下四面山旅游景区的概况。

四面山位于重庆市江津区南部，属云贵高原大娄山北翼余脉。据说四面山东面是达关岩，南面是八瓜尖，西面是笔架山，北面是恒达山，四面都有山脉围绕，因此得名。

四面山景区最突出的就是"奇山""异水""红石""厚文"四大景观特色资源。接下来让我为大家详细介绍一下。

第一，奇山。我们平常看到的山一般都是背斜成山，向斜成谷。而倒置山却刚好相反，它是背斜成谷，向斜成山。四面山就是典型的倒置山。另外一点就是，四面山拥有地球同纬度为数不多的的亚热带原始常绿阔叶林带。景区内拥有动植物3300多种，被联合国生态保护专家誉为地球上难得的"天然物种基因库"。比如，植物方面我们可以看到华山松、毛竹、青冈林等。除了这些常见的，还可以看到与恐龙同时代的中华双扇蕨，被誉为"植物黄金"的红豆杉、三尖杉；此外还有银杏、香果树等数十种国家保护植物。动物主要有云豹、毛冠鹿、猕猴、大小灵猫、弹琴蛙等。

第二，异水。四面山拥有非常罕见的高山湖泊群和高山瀑布群。在四面山景区内，海拔800米以上的湖泊有8个，形成了规模宏大的高山湖泊群，水域面积达5平方千米，80%的水域达到一级水质。除此之外，还拥有以"华夏第一高瀑"望乡台瀑布为代表的高山瀑布群，其中垂直落差在100米以上瀑布有3挂，80米以上瀑布有11挂，50米以上瀑布有37挂，有"千瀑之乡"的美誉。

第三，红石。四面山是重庆为数不多的丹霞地貌景观，因此四面山的崖壁整体上呈砖红色。丹霞地貌是红色砂砾岩，经过长期风化剥离和流水侵蚀后形成的地貌景观。不仅如此，这儿还拥有完整的"丹霞赤壁—瓮形围谷—高山瀑布"组合而成的罕见地质奇观。

第四，厚文。所谓"厚文"，指的是四面山的历史文化十分厚重。这里有距今5000多年的先巴人文化遗迹——灰千岩摩崖壁画，有道教文化遗址——朝源观，有西南剿匪最后战场——文家寨，还有西南第一庄园——会龙庄等人文景观。

目前，四面山景区已开发了望乡台、龙潭湖、洪海、水口寺、珍珠湖、土地岩这6个核心景区，有大大小小128个景点。正是由于特殊的地理位置以及自然资源，四面山也成为了国家重点风景名胜区、国家AAAAA级旅游景区、国家生态旅游示范区。

各位朋友，我们现在所在的位置就是望乡台瀑布景区了。望乡台瀑布高158米，比闻名于世的贵州黄果树瀑布高出一倍多，是国内迄今为止发现的第一高瀑，因此被誉为"华夏第一瀑"。

瀑布后面的崖壁，外形酷似心形，外观又呈红色，左右几乎完全对称，因此被称为"天下第一心"。瀑布的水流正好从这个心形中心流下去，看上去就像被爱神丘比特之箭射中的红心。

四面山的整体山势南高北低，落差较大。独特的气候环境产生了丰沛的降水。由于地质的多次抬升，地表水流有着较强的切割能力，加上悬殊的地形高差，渐渐形成了望乡台这样的巨大瀑布。瀑布后面的这一片崖壁，由于流水的侵蚀而逐渐形成了环状的弧度，再加上周围森林树木生长得十分巧妙，远远看去，最终形成了这一处心形崖壁。心形崖壁上面凹进去的部分正是瀑布顶端的V字形出口水。

好了，游客朋友们，接下来请大家随我一起顺着山路向上攀登，我们进入到瀑布内继续近距离观赏瀑布，大家一定要注意安全。

**【点评提升】**

本篇导游词在概况部分提到了"丹霞赤壁—瓮形围谷—高山瀑布"组合而成的地质奇观，在自选景点部分也讲解了这一奇观的具体表现。建议进一步说明这一景观的独特之处在于它是地质学上的环崖丹霞，同时对环崖丹霞的景观特点进行规范的表述，对环崖丹霞的成因进行科学的分析。

✎ **练：模拟讲解**

根据自己所编写的导游词，完成脱稿模拟讲解。观看"江津四面山模拟面试"学习视频，并仿照视频形式录制作业上传至教学 App。

视频资源：江津四面山面试导游词编写及模拟讲解

视频资源：江津四面山模拟面试

# 任务十　万盛黑山谷面试导游词编写及模拟讲解

## 万盛黑山谷简介

万盛黑山谷景区位于重庆市万盛经济技术开发区，是国家AAAAA级旅游景区、国家级森林公园、国家级地质公园。黑山谷地处云贵高原向四川盆地过渡的大娄山余脉，山顶与谷底高差最大1200米，峡谷长13千米，河谷两岸坡度70°～80°。景区由黑山谷和万盛石林两个景区组成，这里山高林密、人迹罕至，保存着地球上同纬度为数不多的亚热带和温带完好的自然生态，森林覆盖率达97%，负氧离子浓度高达11万个/立方厘米，被誉为"中国最美养生峡谷"。黑山谷也是目前重庆地区最大的、原始生态保护最为完好的自然生态风景区，被专家誉为"渝黔生物基因库"。

### ✎ 教：万盛黑山谷考试大纲解析

**考试大纲**：必讲内容为地理位置及其区位特点，景区主要构成，国家AAAAA级旅游景区、国家级森林公园、国家级地质公园、重庆市"巴渝新十二景"，气候类型及其气候带垂直分布的特点，喀斯特地貌景观，重庆最大的、原始生态保护最完好的自然生态风景区，"渝黔生物基因库"。自选一个景点重点介绍。主要景点包括龙鳞石海、夜郎公主峰、九曲画屏、白玉观音、石剑峰、石皇伞、骆驼西行、黑猴迎宾、鲤鱼峡等。

**大纲解析**：万盛黑山谷AAAAA级旅游景区由黑山谷和龙鳞石海（即万盛石林）两部分组成，两个景区分别有独立的出口和入口，并非像很多景区的组成部分是一体的。因此，需要注意大纲中所列举的自选景点，除龙鳞石海外，其余的景点如白玉观音、石皇伞均在黑山谷景区内。

### ✎ 学：搜集整理资料

景区官方网站：黑山谷景区官网

### ✎ 做：编写导游词

子任务1：根据题目要求，了解万盛黑山谷主题旅游线路行程安排。

子任务2：观看万盛黑山谷面试导游词编写及模拟讲解微课视频。

子任务3：根据考试大纲，编写导游词写作提纲，厘清写作要点。

子任务4：编写面试导游词，并提交至教学App。

## ✎ 评：点评提升

### 【例文呈现】

游客朋友们，大家好。欢迎大家来到万盛黑山谷参观游览。现在请大家随我一同进入景区参观游览，一边走我一边给大家简单介绍一下黑山谷。

黑山谷景区位于万盛区黑山镇境内，由黑山谷、龙鳞石海两个景区组成。它是国家AAAAA级旅游景区、国家级森林公园、国家地质公园。

这里山高林密，森林覆盖率高达97%，是目前重庆地区最大的、原始生态保护最为完好的自然生态风景区。景区内动植物种类繁多，有动物300多种，植物1800多种。比如有黑叶猴、云豹、红腹锦鸡、穿山甲、野山羊等国家一、二级保护动物；有"植物活化石"桫椤、银杉等国家一、二级保护植物。因此，黑山谷也被专家誉为"渝黔生物基因库"。

黑山谷景区集山水林洞于一谷，融奇险俊秀幽于一体，有峡谷、飞瀑、栈道、溪流等各具特色的景点，它们构成了千姿百态的奇美景观。总的来说，黑山谷的景观特色可概括为"幽、险、奇、秀"4个字。

第一个是幽。绵延几十平方千米的森林，遮天蔽日，古树参天，树种繁多，四季常绿，林中常有蝉鸣鸟唱，泉水叮咚，山林十分幽静。

第二个是险。黑山谷悬崖高耸，峭壁对峙，"险"谷丛生。仰视不到顶，宽仅数米，长达几百米的一线天让人通过后才体会到黑山悬崖峭壁风光之险。

第三个是奇。景区内奇峰怪石，比比皆是，既有巨佛诵经、黑猴迎宾，又有石笋独立、骆驼西行，草地石林奇彩纷呈，加之这片土地曾是植物"避难所"，有数百种珍奇的动植物更引人好奇。

最后一个是秀。峡谷幽深秀丽，森林中环抱草地，清新自然，草中鲜花朵朵，色彩斑斓，河水绿如蓝，草地碧如玉，远望有梯田，近看则山清水秀。

那黑山谷到底是如何形成的呢？黑山谷属于喀斯特地貌景观。距今7000万年左右，我国大陆发生了一次规模巨大的地壳运动。这次运动的证据首先在燕山山脉被发现，所以称之为"燕山运动"。燕山运动之后，四川盆地和我们现在所在的黑山这一带，地下岩层受到严重挤压而发生弯曲，地质学上被称为"川东南褶皱带"。

我们知道，褶皱有"背斜"和"向斜"两种基本形态。岩层向上凸起的部分叫"背斜"，岩层向下凹陷的部分叫"向斜"。一般情况下，背斜应成为山岭，向斜应成为谷地或盆地。但是，不少褶皱构造的背斜顶部因受张力而破碎，随着地壳的下沉，容易被流水侵蚀形成谷地；而向斜槽部受到挤压，岩石坚硬不易被侵蚀，随着地壳的抬升，反而成为山岭。这就是所谓的"背斜成谷，向斜成山"的道理。黑山谷正是由于"背斜成谷"而演化生成的。

各位朋友，我们今天首先参观游览的便是黑山谷景区。稍后我们会前往龙鳞石海。

黑山谷的游览通道全长13千米，其中6千米的电瓶车车程，6千米的栈道和浮桥，1千米的观光索道。从景区南门进入，两岸悬崖峭壁，中间的河谷断面呈"V"字形，河面狭窄。河段宽度约20米，有的河段仅几米。其中，神龙峡、蝉鸣峡、鱼跳峡、锦鸡峡和黑猴峡这五段峡中峡，最宽不足10米，最窄处仅两米，采取浮桥、吊桥方式通行，极富挑战性。从叠翠楼至景区北门，河谷宽40~50米，河的两岸有平缓地，峡谷相对比较宽阔，可以借助电瓶车通行。

游客朋友们，现在我们进入的是锦鸡峡。整段峡谷长360米。因为山上的红腹锦鸡比较多而得名。锦鸡是一种雉科动物，大多分布在陕西、四川、重庆、云南等地区，主要生活在海拔2000~4000米的山地，属于国家二级保护动物。它的外形和喜鹊、大鹦鹉比较像。背部羽毛多为黄色，红色，颜色艳丽，它们的嘴是红色的，头顶是绿色的，肚子是红色的。

好了，游客朋友们，我的讲解到这里暂时结束了。现在请大家自行游览，10分钟后我们继续前往黑猴峡。

## 【点评提升】

本篇导游词在概况部分，用"幽险奇秀"四个字来概括万盛黑山谷的景区特色，类似的说法在讲解自然类的景区时非常普遍。因此建议从万盛黑山谷的宣传口号"中国最美养生峡谷"入手，重点介绍黑山谷的气候特点及养生功效，另外突出它的喀斯特峡谷地貌景观和喀斯特石林地貌景观，以提升讲解的深度。

## 练：模拟讲解

根据自己所编写的导游词，完成脱稿模拟讲解。观看"万盛黑山谷模拟面试"学习视频，并仿照视频形式录制作业上传至教学App。

视频资源：万盛黑山谷面试导游词编写及模拟讲解

视频资源：万盛黑山谷模拟面试

## 任务十一　酉阳桃花源面试导游词编写及模拟讲解

### 酉阳桃花源简介

酉阳桃花源景区位于武陵山区腹地，集岩溶地质奇观、秦晋农耕文化、土家民俗文化、自然生态文化于一体，是现代人们远离尘世喧嚣、步入秦晋田园、探寻地质奇观的理想旅游目的地。景区由世外桃源、太古洞、西州古城、桃花源森林公园、桃花源广场、桃花源风情小镇、二酉山世外桃源文化主题公园、桃源大舞台八部分组成。国内外专家、学者从地理、路线、景物、历史、距离和环境等六个方面论证，认为这里是陶渊明笔下的《桃花源记》原型之一。

### ✎ 教：酉阳桃花源考试大纲解析

**考试大纲**：必讲内容为地理位置及其区位特点，景区构成的世外桃源、西州古城等主体部分，国家 AAAAA 级旅游景区、国家森林公园、国家地质公园，陶渊明"世外桃源"的文化典故，桃花源的秦晋历史文化、土家民俗文化、自然生态文化，喀斯特地貌景观。自选一个景点重点介绍，主要景点包括世外桃源、太古洞、桃花源、金银山、西州古城、二酉山。

**大纲解析**：酉阳桃花源景区的核心旅游吸引力，一是有关陶渊明"世外桃源"的文化典故及景观，二是与秦晋历史文化有关的景点。因此在概况部分，应突出对这两种文化内涵的阐释。在自选景点方面，建议选取世外桃源内能突出上述两种文化的具体景点，如陶公祠、靖节酒坊、美池、大酉洞太古藏书等，避免选择自然景观太古洞或者非核心景区的金银山、二酉山等。

### ✎ 学：搜集整理资料

网站：重庆酉阳桃花源

### ✎ 做：编写导游词

子任务1：根据题目要求，了解酉阳桃花源主题旅游线路行程安排。
子任务2：观看酉阳桃花源面试导游词编写及模拟讲解微课视频。
子任务3：根据考试大纲，编写导游词写作提纲，厘清写作要点。
子任务4：编写面试导游词，并提交至教学App。

### ✎ 评：点评提升

【例文呈现】

游客朋友，大家好！欢迎大家来到酉阳桃花源景区，我是本次旅游的导游×××。非常荣幸能够为大家服务。我们现在所在的位置是桃花源入口处。接下来请大家随我一起进入景区。大家边走，我边为各位讲解一下景区的概况。

酉阳桃花源是国家AAAAA级旅游景区，主要由世外桃源、太古洞、酉州古城等部分组成。说到到桃花源，大家首先想到的一定是陶渊明所写的《桃花源记》。

陶渊明，是我国东晋末年的伟大诗人。大家都知道，魏晋南北朝时期，社会动荡不安。人们都希望有一个像桃花源这样安宁稳定的生活场所。陶渊明也不例外，他用笔描绘出了一个"阡陌交通，鸡犬相闻。黄发垂髫，并怡然自乐"的世外桃源，表达了他追求安宁幸福生活的美好愿望。自此以后，桃花源就成了理想社会的象征，也逐渐演变成了中国传统文化中非常重要的一个文化符号。所以我们现在一提到桃花源，不仅仅是指桃花源这个地方，也代表我们对美好生活的向往。自陶渊明之后，借桃花来表达自己情感的诗人还有很多。伟大领袖毛泽东就曾写下"陶令不知何处去，桃花源里可耕田？"

有游客朋友可能会问到，桃花源在湖南、湖北、安徽等地都有，那陶渊明笔下的桃花源到底是哪里的桃花源呢？不知道游客朋友们有没有注意，在我们乘车来桃花源景区的路上，有这么一句话——"世界上有两个桃花源，一个在您心中，一个在重庆酉阳"。

首先，每个人的心中都有一个桃花源，我们都希望生活在像桃花源一样风景优美、民风淳朴的地方。在这里，生活得舒适安逸，也没有现在生活的压力，所以一个在您心中。

那为什么说另外一个在重庆酉阳呢？普遍的说法有两个：第一个是，我们酉阳这个地方，经过一些专家、学者的论证，他们认为无论是从地理位置、环境、还是历史等个各方面，这个地方很可能就是陶渊明所写《桃花源记》的原型。第二个说法是，酉阳在长期的历史中，交通比较闭塞，进出不易。来到这里的人们发现，这个地方与世隔绝，民风淳朴，也符合大家对桃源生活的期望。所以我们才说一个在心中，一个在重庆酉阳。

好了，各位游客，关于景区概况我就先简单介绍到这里，请大家继续随我一起参观游览。说话间，我们就来到了被称为时光隧道的大酉洞。在《桃花源记》里面，武陵渔人黄道其正是通过一处山洞，从晋代穿越到了500多年前的秦代，也穿越到了古人最为向往的理想社会。

这个看似平常的山洞为什么叫大酉洞呢？根据唐代著名志怪小说家段成式的《酉阳杂俎》记载，秦时有人避乱隐居在此地学习，在酉阳山下的石穴中藏书千卷，大酉洞因此而得名。《酉阳直隶州总志》记载"有秦人，负书笈，辗转来酉"这么一说。

大家请顺着我手指的方向看过去，有一条古栈道直通洞顶，据说上面就是大酉藏书的地方。这要从秦始皇焚书坑儒的历史说起。秦始皇统一六国后，为了统一人们的思想和文化，巩固自己的王权，令人烧毁六国史书典籍。一些咸阳儒生为了躲避秦始皇的迫害，背负诗书，携妻带子，经汉中过剑门关，顺嘉陵江来到今天的重庆，再由长江到涪陵，沿着乌江逆流而上，到达现在的龚滩，在东躲西藏的时候无意间发现了这一处世外桃源。他们把书籍藏在了上面，从此在这里过上了自由自在、怡然自乐的生活。直到清咸丰年间酉阳一位州官来此发现了竹简，并且还保存完好，于是令人在石壁上刻了"太古藏书"四个大字。虽然时过境迁，风雨剥蚀，竹简上的字迹至今仍清晰可辨。

复行数十步，前面豁然开朗。我们依然可以看见这里"土地平旷，屋舍俨然"，"有良田美池桑竹"。不同的是"黄发垂髫，并怡然自乐"的景象已经变成了游人如织、热闹非凡的景象。

好了，关于大酉洞的情况我就介绍到这里，大家可以自行游览拍照。15分钟后我们在这里集合，继续参观游览。

【点评提升】

本篇导游词，从陶渊明及《桃花源记》入手，详细阐述了世外桃源的文化典故，并且很好地解释了西阳桃花源的宣传口号。需要提升的是，桃花源景区内有许多以秦晋历史文化为主题的景点，可在概况部分对相应的秦晋历史文化进行说明或解读。

### 练：模拟讲解

根据自己所编写的导游词，完成脱稿模拟讲解。观看"西阳桃花源模拟面试"学习视频，并仿照视频形式录制作业上传至教学App。

视频资源：酉阳桃花源面试导游词编写及模拟讲解

视频资源：酉阳桃花源模拟面试

# 任务十二　奉节白帝城面试导游词编写及模拟讲解

## 奉节白帝城简介

白帝城·瞿塘峡景区位于重庆市奉节县瞿塘峡口长江北岸的白帝山上，地处长江三峡西入口，东望夔门，南与白盐山隔江相望，西接奉节县城，北倚鸡公山。景区主要由白帝城、瞿塘峡两大景区构成，是饱览长江三峡壮丽之美的起点。其中白帝城原名子阳城，西汉末年公孙述据险筑城，公元25年自封白帝，改为白帝城。公元36年，在白帝山修建了白帝庙以供奉祭祀公孙述。明嘉靖十二年（公元1533年），庙内改祀刘备、诸葛亮。瞿塘峡紧邻白帝城，集雄、奇、险、峻为一体，是三峡中最短、最窄、最险的一段峡谷。

### ✎ 教：奉节白帝城考试大纲解析

**考试大纲：**必讲内容为地理位置及其区位特点（长江三峡的起点），四面环水的秀丽环境，国家AAAAA级旅游景区；历史沿革与民间传说，景区构成与主要建筑，诗文化。自选一个景点重点介绍，主要景点包括明良殿、武侯祠、观星亭、碑林、夔门等。

**大纲解析：**奉节白帝城作为AAAAA景区，主要由白帝城和瞿塘峡两部分组成，讲解景区构成需要注意这一变化。另外，在概况部分，除了白帝城的三国历史文化，需要重点讲解诗歌文化。在自选景点方面，除了所列景点，还可以选择夔门观景台、竹枝园等比较有代表性的景观。

### ✎ 学：搜集整理资料

网站：奉节白帝城瞿塘峡AAAAA景区官网

### ✎ 做：编写导游词

子任务1：根据题目要求，了解奉节白帝城主题旅游线路行程安排。
子任务2：观看奉节白帝城面试导游词编写及模拟讲解微课视频。
子任务3：根据考试大纲，编写导游词写作提纲，厘清写作要点。
子任务4：编写面试导游词，并提交至教学App。

### ✎ 评：点评提升

**【例文呈现】**

游客朋友们，大家好！欢迎大家来到诗城奉节。我们现在所在的位置是白帝城游客中心，接下来请大家随我一起进入景区参观游览。

白帝城是国家AAAAA级景区，主要由白帝城和瞿塘峡两部分组成。其中白帝城位于瞿塘峡口北侧的白帝山上，以白帝庙为核心，有风雨廊桥、忠义广场、明良殿等景点。瞿塘峡是长江三峡中最短的一段峡谷，以"夔门天下雄"而著称。

白帝城原名子阳城，西汉居摄三年，大将公孙述见这个地方易守难攻，便加固城池，后自称"白帝"，改城名为白帝城。公孙述据蜀称帝12年，后被刘秀所灭。公孙述被灭后，蜀人念及他统治期间人民生活相对安定，便在山上修白帝庙以示纪念。

公元222年，刘备伐吴战败，退守白帝城，"白帝托孤"的历史事件在这里上演，最终死于奉节县城永安宫。后来，到了明正德八年，四川巡抚林浚认为公孙述称帝属于僭越，便将公孙述雕像毁掉，转而祭祀曾劝阻公孙述称帝的汉将马援和江神、土地等，并改殿名为"三功祠"。

再后来，到了明嘉靖二十年，巡抚朱廷立和按察司副使张俭等崇敬三国时代的刘备、诸葛亮，便改为祭祀刘备、诸葛亮，改祠名为"义正祠"。明嘉靖三十六年，巡抚段锦又在祠中增加张飞、关羽及诸葛瞻、诸葛尚的雕像。自此，白帝庙内无白帝，反而成为祭扫蜀国君臣的祠庙。

白帝城下是长江三峡瞿塘峡的入口，这里也是观赏"夔门天下雄"的最佳地点。历代著名诗人如李白、杜甫、白居易、刘禹锡、苏轼、黄庭坚、范成大、陆游等，无不临奉节，登白帝，游夔门，过三峡，留下了一首又一首的经典诗作。"朝辞白帝彩云间，千里江陵一日还"，是诗人李白在流放途中遇到大赦的惊喜。"寒衣处处催刀尺，白帝城高急暮砧"，是老病交加的杜甫在暮年漂泊时引发对国家兴衰的无尽感慨。"瞿塘峡口水烟低，白帝城头月向西"，更是表现了诗人白居易被贬后的孤寂。"东边日出西边雨，道是无情却有情"，则是诗人刘禹锡任夔州刺史时根据巴渝民歌创作的《竹枝词》。其中，刘禹锡作为唐代诗歌的代表人物，素有"诗豪"之称，他的《竹枝词》流传开来后，引得不少诗人竞相模仿学习，使得《竹枝词》由通俗易懂的巴渝民歌，登上文学的大雅之堂。

正是因为深厚的诗歌文化底蕴，从2017年起，奉节便开始举办国际诗歌节。诗歌节主要以唱诗、对诗等方式进行，达到以诗会友，传承经典文化的目的。同时，为了积极推进文旅结合，奉节开展了山水风光摄影展、白帝城采风、竹枝词歌舞比赛等一系列活动。

好了，各位游客，关于景区的概况我就先讲到这里。现在我们来到的是东西碑林。东、西碑林分别位于明良殿与武侯祠两侧。碑林荟萃了从隋代至清代的70多块碑刻。篆、隶、楷、行、草各种字体的碑文，也是中国书法艺术的精品。

大家请看，这就是碑林中最为奇特的一块碑——《竹叶诗碑》，又名丹青正气图。这块碑远看是一丛迎风挺立的翠竹。仔细观看，就会发现那一片片竹叶均是汉字中的一笔一画，组成了一首五言诗。诗的内容为"不谢东篁意，丹青独自名。莫嫌孤竹淡，终究不凋零。"作者巧妙地利用汉字的象形特点，以竹叶为形象，取竹经风寒不凋之意，完成了这件绝妙的艺术作品。

好了，游客朋友们，关于碑林我就先讲到这里。接下来，请大家继续随我参观游览。

**【点评提升】**

本篇导游词在概况部分，对白帝城的三国历史文化和诗歌文化都进行了详细的介绍，尤其是能够与时俱进，详细介绍了白帝城诗歌文化节。需要提升的是，对自选景点《竹叶诗碑》仅仅进行了表面上的介绍，建议更进一步挖掘背后的文化内涵和精神追求。

✎ **练：模拟讲解**

　　根据自己所编写的导游词，完成脱稿模拟讲解。观看"奉节白帝城模拟面试"学习视频，并仿照视频形式录制作业上传至教学 App。

视频资源：奉节白帝城面试导游词编写及模拟讲解

视频资源：奉节白帝城模拟面试

# 任务十三　云阳龙缸面试导游词编写及模拟讲解

## 云阳龙缸简介

云阳龙缸景区位于重庆市云阳县境内东南隅，景区主要由龙缸天坑、云端廊桥、龙洞、石笋河等景点组成，是国家AAAAA级旅游景区和国家地质公园。景区内的龙缸天坑被誉为"天下第一缸"，属于典型的喀斯特地貌景观。以云端廊桥、悬崖秋千为代表的高空项目，深受年轻游客群体的追捧。

### 教：云阳龙缸考试大纲解析

**考试大纲：** 必讲内容为地理位置及其区位特点，国家AAAAA级旅游景区，国家地质公园，景区主要景点构成，喀斯特地貌景观及特色，四季各异的景色。自选一个景点重点介绍，主要景点有龙缸、映月洞、岐山草场、龙洞、石笋河、云端廊桥、老寨子、大安洞。

**大纲解析：** 必讲内容部分需要注意云阳龙缸景区的喀斯特地貌景观集中体现在龙缸天坑，因此要对天坑地质景观进行深入了解和全面讲解。自选景点中，建议选取位于核心景区的龙缸、映月洞、龙洞等，同时也可对极具特色的云端廊桥进行讲解。

### 学：搜集整理资料

景区网站：重庆·云阳龙缸景区

### 做：编写导游词

子任务1：根据题目要求，了解云阳龙缸景区的基本情况及旅游线路。
子任务2：观看云阳龙缸面试导游词编写及模拟讲解微课视频。
子任务3：根据考试大纲，拟定导游词写作提纲，厘清写作要点。
子任务4：编写面试导游词，并提交至教学App。

### 评：点评提升

【例文呈现】

各位游客，大家好！欢迎来到国家AAAAA级旅游景区云阳龙缸。我是大家今天的导游×××，下面请大家随我一同进入景区参观游览。

云阳龙缸景区位于重庆市云阳县境内东南隅，紧邻湖北利川市，这里集天坑、峡谷、溶洞、高山草场、森林于一体，主要景点有龙缸天坑、映月洞、龙洞、石笋河、岐山草场、云端廊桥等。

景区内天坑奇绝，溶洞密布，石笋摩天，属于典型喀斯特地貌，因此被评为国家地质公园。其中龙缸天坑深335米，居全国第三、世界第五，享有"天下第一缸"的美誉。

映月洞位于龙缸东北100米处的悬崖峭壁之中，洞长43米，呈南北走向。南端有水滴沿石钟乳滴下，在地下形成一个深约50厘米的汇水凹坑。每一年的中秋之夜，月亮升起不久，月光便会充盈整个洞身，集束的银光就像手电一样，由北向南穿洞射出，人们把这一奇特的景观叫做"穿洞映月"。

龙洞由前后两厅组成，前厅呈圆形，宽40余米，高近50米，长120米，面积4800平方米，内遍布千姿百态的钟乳石。有"龙床""龙伞""龙壶""龙椅"等自然景观。后厅呈五边形，高30米，长300余米，面积6000平方米，里面的钟乳石如狮，如象，如龙，如凤。

岐山草场海拔高度在1000~1650米，由原始森林和高山草原组成。原始森林多为松、杉、柏树林，草场则是开展星空露营、户外烧烤等活动的绝佳场所。

石笋河北起盖下坝、南至双河口，全长12.5千米，岭谷相对高差达1400多米，属于典型的喀斯特峡谷景观。河水青碧，两岸如削，地表的石芽、峰丛、漏斗与地下的三层溶洞自成系统。

依托独特的地形条件，景区内还修建有云端廊桥、悬崖秋千、空中飞车等一些列高空体验项目。建在海拔1010米高悬崖上的"云端廊桥"，以"天空之花"的花瓣作为造型，其悬挑长度26.68米，比美国科罗拉多大峡谷玻璃廊桥悬挑长度还长5.34米，是世界最长悬挑玻璃廊桥。廊桥距离地面高度718米，护栏及桥面均由透明玻璃建造而成，可以720°欣赏周边美景。

各位朋友，我们现在来到的就是景区的核心组成部分——龙缸天坑。在龙缸口最低处鹰嘴峰测得海拔高度1113米，长轴近70°方向延伸304~325米，短轴178~183米，整体上呈椭圆形。它的深度大于335米，在国内仅次于小寨天坑和大石围天坑，位居国内第三位，世界第五位。就深度和直径规模而言，龙缸可谓是超级天坑，具有较高的观光、探险旅游和科考价值。

大家请看，龙缸内壁如削，缸壁由峭壁拱成，最宽处2米余，最窄处不足40厘米。人站于缸沿上，一边是千仞缸壁，一边是万丈深渊。壁缝松枝横卧，古藤倒挂，缸底丛林碧绿，四季吐翠。林间百鸟争鸣，盘旋低飞，烟云升腾。这样的地质奇观是如何形成的呢？研究发现，这一带正处于华蓥山大断裂与七曜山大断裂之间的褶皱带，也就是川东平行岭谷区的东南隅，在重力崩塌、流水侵蚀的作用下，就形成了这一巨型天坑。

好了，各位游客，关于龙缸天坑我就先介绍到这里，接下来请大家随我继续参观游览下一处景点。

【点评提升】

本篇导游词，对于云阳龙缸的景区构成、景观特色以及主要景点介绍得非常详细。需要提升的是，在自选景点讲解时，对龙缸天坑的形成原因和形成过程描述得不够清晰，建议从喀斯特地貌的演化过程入手，进一步分析景区独特的地质条件，从而科学地回答这一问题。

### 练：模拟讲解

根据自己所编写的导游词，完成脱稿模拟讲解。观看"云阳龙缸模拟面试"学习视频，并仿照视频形式录制作业上传至教学 App。

视频资源：云阳龙缸面试导游词编写及模拟讲解

视频资源：云阳龙缸模拟面试

# 任务十四　彭水阿依河面试导游词编写及模拟讲解

## 彭水阿依河简介

　　彭水阿依河是一处集峡谷观光与漂流体验于一体的国家AAAAA级景区。彭水是苗族土家族自治县，这里的苗家人把善良、美丽、聪慧的女子称为"娇阿依"，阿依河因此得名。景区由3个观光游览、2个休闲度假区、2个体验区、1个激情漂流区和1个特色商品服务区组成。徒步穿行，可观奇花异草、古藤老树；荡舟江上，可享激流险滩、惊涛碧浪；夜宿山寨，可品苗家美味，体验民族风情，是休闲观光、民俗体验、户外攀岩及水上运动的首选之地。

### ✎ 教：彭水阿依河考试大纲解析

　　**考试大纲**：必讲内容为地理位置及其区位特点，国家AAAAA级旅游景区，民间传说与景区得名缘由，景区主要景点构成，主要游览项目，民族风情。自选一个景点重点介绍，主要景点包括阿依河、牛角寨、七里塘、竹板桥等。

　　**大纲解析**：阿依河景区最大的特色是峡谷观光与漂流体验。因此在必讲内容部分需要对这两方面进行重点讲解。除此之外，阿依河地处彭水苗族土家族自治县，处处体现着民族风情，也需要进行介绍。需要注意的是，阿依河从根本上来讲，是一处自然景观，因此本部分内容不宜过多，结合景区的相关景物点到为止即可。

### ✎ 学：搜集整理资料

　　网站：阿依河景区

### ✎ 做：编写导游词

　　子任务1：根据题目要求，了解彭水阿依河景区的基本情况及旅游线路。
　　子任务2：观看彭水阿依河面试导游词编写及模拟讲解微课视频。
　　子任务3：根据考试大纲，拟订导游词写作提纲，厘清写作要点。
　　子任务4：编写面试导游词，并提交至教学App。

### ✎ 评：点评提升

**【例文呈现】**

　　游客朋友们，大家好！欢迎来到彭水阿依河！我是大家今天的导游×××，下面我先为大家简单介绍一下我们景区。

　　阿依河原名长溪河，它发源于贵州省务川县分水乡，向东北流经重庆的彭水境内，经长旗坝、舟子沱、三江口，最后在万足乡的长溪滩汇入乌江，是乌江的一大支流。彭水是苗族土家族自治县，这里的苗家人把善良、美丽、聪慧的女子称为"娇阿依"，阿依河因此得名。

阿依河景区内分布着茂密的原始森林，在这些原始森林中有种类繁多的野生动物和许多古老的珍贵植物。据重庆市志，阿依河流域有动物298种，鸟类169种，特别是国家一、二类保护动物如黑叶猴、五步蛇、金钱豹等。阿依河沿岸有许多奇花异草和古老的树种，植物达1354种，如中华蚊母树、红豆杉等。

阿依河景区跨万足、汉葭、朗溪、黄家四个乡镇，全长约21千米，是百里乌江画廊的重要组成部分，属于典型的峡谷型风景旅游区，目前主要开发的项目有峡谷观光、户外体验和峡谷漂流，主要景点有千步梯、青龙谷、青龙洞、巴山廊亭等。

阿依河分为上下两段。上游河段约16千米，包括碧潭戏水漂、水上观光游、七里塘竹筏游、母子溪探险游、牛角寨风情体验和步游观光等项目。上游河段尤以七里塘河段和儿塘河河段的水体景观最为独特，江面绿水清幽，两岸翠竹环绕，可以说是漫江碧透。阿依河下游漂流，从石灰塘—儿塘峡—新滩—石板滩—高猪塘—出口，全长9千米，享有"天下第一自助漂"的美名，被称为"浪遏飞舟"。这一段河谷深切，河床狭窄，高山峭壁，巨石当道，飞花四溅，吼声如雷。

各位游客，我们现在来到的就是竹板桥。竹板桥是阿依河景区的枢纽，在这里可以乘坐竹筏游览七里塘，也可以步行游览青龙谷，还可以乘坐橡皮艇开始上半程漂流。

竹板桥这一带，以传统的造纸术而闻名。早在唐宋时期，生活在竹板桥的刘氏族人，就学会了土法造纸，利用河岸丰富的竹资源生产环保草纸，被世人称为"大山里的蔡伦部落"。目前，在阿依河景区河畔，仍有造纸作坊。

竹板桥造纸至今已经历过4次重大变迁，在保留了蔡伦造纸术的传统工艺基础上，又进行了二次改良。造纸作坊先是在欧家洞，后搬到长溪河边，再搬上右岸半坡，最后才定居到现址上。工艺上也做了制料和刍纸成型上的两次改进。20世纪50年代，他们引进生石灰浸竹工艺，取缔了蒸煮制料的办法，用碾压法取替了碓捣法；20世纪70年代由刘开胜创研刍纸工艺，改每次成型1张为2张，提高工效一倍；改变原始型张，提高了产品的经济价值。造出来的竹板桥土纸是传统工艺草纸，其规格为22厘米×44厘米，具有色泽金黄，厚薄均匀，绵实有韧性，汲水性能好，易燃烧等特征。

竹板桥造纸继承和发展了中国古老造纸术的传统工艺，具有极高的历史文化科学价值。另外，竹板桥造纸还保留了传统的文化艺术。在劳动过程中产生的劳动号子、山歌，现在仍在传唱；造纸过程中的诸多禁忌，也加重了它的神秘感，增添了更多的魅力。

好了，各位游客，关于竹板桥及竹板桥造纸我就先介绍到这里。接下来，请大家穿上救生衣，乘坐皮划艇开始尽情漂流吧。

【点评提升】

本篇导游词在选取竹板桥及竹板桥造纸作为自选景点并进行重点讲解，看上去非常详细。但实际上，在竹板桥处并无竹板桥造纸的相关介绍及陈列展示，因此本段内容严重脱离具体景观。另外阿依河景区的最大特色是漂流，因此建议对漂流进行详细介绍。

✎ **练：模拟讲解**

　　根据自己所编写的导游词，完成脱稿模拟讲解。观看"彭水阿依河模拟面试"学习视频，并仿照视频形式录制作业上传至教学App。

视频资源：彭水阿依河面试导游词编写及模拟讲解

视频资源：彭水阿依河城模拟面试

模块二

# 导游大赛类导游词编写及模拟讲解

 **情景导入**

### 全国职业院校技能大赛导游服务赛项解析

全国职业院校技能大赛导游服务赛项由教育部主办，旨在以赛促学，以赛促教，提升导游服务人才培养质量。竞赛内容包括5个部分，即导游知识测试（15分）、现场导游词创作及讲解（30分）、自选景点导游讲解（35分）、导游英语口语测试（10分）、才艺运用（10分）。根据历年的比赛情况，现场导游词创作和自选景点导游讲解所占分值最多，最能体现参赛者的导游讲解水平，也最能彰显职业院校导游人才培养质量，因此是专业教学的重点和难点。

 **情景设计**

假如你是旅游类相关专业的学生，要参加全国职业院校技能大赛导游服务赛项的校级选拔，请根据赛项规程编写一篇符合要求的导游词并进行模拟讲解。

 **学习目标**

1. 掌握导游比赛讲解环节所用的导游词编写技巧；
2. 能够编写符合比赛要求的导游词并进行模拟讲解。

 **任务解析**

1. 阅读全国职业院校技能大赛导游服务项目赛项规程及题库；
2. 熟悉全国职业院校技能大赛导游服务项目导游讲解环节的比赛内容和流程；
3. 根据比赛内容和流程，编写符合要求的导游词；
4. 以写好的导游词为基础，进行模拟导游讲解并准备参赛。

注：因赛项规程每年会略有变化，比赛时以当年最新的规程为准。

学习资料：

2022年全国职业院校技能大赛导游服务项目赛项规程

比赛内容解析：

## 1. 现场导游词创作及讲解

**本环节要求：**围绕中国国情及中国文化元素等主题创作一篇导游词并进行现场讲解。该部分比赛公开题库，题库包括50个主题和5个团型。选手现场抽选出一个主题和一个团型，准备时长30分钟，选手独立完成现场导游词创作。30分钟后上场，在3分钟内用中文进行脱稿讲解。

**比赛内容解析：**根据评分标准，现场导游词创作（16分）：要求紧扣主题（2分）；紧扣团型（2分），切入角度选取合理，创作尊重史实和现实（2分）；内容正确、完整（2分）；用辞（或例证等）恰当，富有文采（2分）；结构合理，详略得当（2分）；条理清晰，逻辑通顺，层次清楚（2分）；具有创新性和时代特色（2分）。现场导游讲解（14分）：要求语言（普通话）规范流畅（2分）；讲解完整清楚（2分）；口齿清晰流利（2分）；讲解节奏控制合理、有层次感（2分）；仪态自然，富有亲和力（1分）；肢体语言生动形象，符合导游规范（1分）；讲解生动有趣，富有感染力和渗透性（2分）；导游讲解方法和技巧运用恰当（2分）。导游讲解的基础仍然是导游词创作，因此首先得对题库中的文化元素内涵与常见的团型特点非常熟悉，并在此基础上进行导游词创作和模拟讲解练习。

**【参考结构】**

| 序号 | 讲解要点 | 时间安排 | 字数（每分钟约200字） |
|------|----------|----------|------------------------|
| 1 | 开场白 | 0.5分钟以内 | 100字以内 |
| 2 | 文化元素概况讲解 | 2分钟左右 | 200字左右 |
| 3 | 文化元素重点讲解 | 2分钟左右 | 200字左右 |
| 4 | 结束语 | 0.5分钟以内 | 100字以内 |
| 合计 | | 2.5~3分钟 | 500~600字 |

## 2. 自选景点导游讲解

**本环节要求：**选手在赛前根据选题范围准备一段4分钟的导游词和相应的PPT资料（自动播放模式），讲解景点为国家AAAAA级旅游景区或世界遗产地，用中文进行模拟导游讲解。

**比赛内容解析：**①导游职业仪态（满分2分），具体表现为礼仪着装得体，符合职业情境或讲解主题特色（2分）。②导游词组织特色（满分10分），具体表现为：内容正确，结构合理、尊重史实和现实（3分）；整体节点布局合理、严谨（3分）；紧扣主题，特色鲜明，感染力强（3分）；语言文字优美，富有文采（1分）。③导游讲解风范（满分23分），具体表现为：讲解语言流畅规范，口齿清晰（1分）；仪态自然、肢体语言丰富，符合导游规范（1分）；讲解角度新颖（4分）；主题特色鲜明（2分）；讲解重点突出、有层次感（2分）；文化底蕴深厚，内涵丰富（3分）；讲解节奏合理、节律感强（2分）；语言组织运用艺术和能力强（2分）；导游讲解方法和技巧运用恰当（3分）；富有感染力、亲和力和渗透力（3分）。本环节的比赛重点依然是导游词的创作与现场讲解的效果，选择恰当的景点并挖掘其景点特色、文化内涵，编写出富有个性和创新性的导游词，对比赛至关重要。

【参考结构】

| 序号 | 讲解要点 | 时间安排 | 字数（每分钟约200字） |
|------|----------|----------|------------------------|
| 1 | 开场白 | 0.5分钟以内 | 100字以内 |
| 2 | 景点概况讲解 | 1分钟左右 | 200字左右 |
| 3 | 景点具体讲解 | 2分钟左右 | 400字左右 |
| 4 | 结束语 | 0.5分钟以内 | 100字以内 |
| 合计 | | 3.5~4分钟 | 800字左右 |

# 任务一　文化元素导游词编写及模拟讲解

## 文化元素及团型简介

根据近五年国赛的情况，常见的文化元素及讲解主题有：民族传统节日类，如藏族雪顿节、傣族泼水节；工艺美术类，如青花瓷、景泰蓝；饮食文化类，如中国酒文化、中国茶文化；历史文化类，如良渚文化、三星堆遗址；建筑艺术，如福建土楼、皖南古村落；典园林艺术，如北京颐和园、承德避暑山庄；表演艺术，如京剧、昆曲；民族民俗，如妈祖信仰、摩梭人走婚。

常见的团型有政务考察团、商务考察团、老年旅游团、亲子旅游团、中学生研学团、宗教人士团、女性观光团、作家采风团、教师度假团、导游踩线团等。

### ✏ 教：文化元素解析及团型解析

以工艺美术景泰蓝和中学生研学团为例。景泰蓝是国家级非物质文化遗产，也是中国传统工艺美术三宝之一，因此在导游词编写时要重点突出其工艺的独特性和复杂性。结合中学生研学团的情况，一般是在研学中设计参观学习及动手体验活动，因此情景设置可以在参观游览后或者动手体验前。

### ✏ 学：搜集整理资料

网站：中国非物质文化遗产网·中国非物质文化遗产数字博物馆

纪录片：《何以中国·景泰蓝》《文化中国·景泰蓝》《景泰蓝——绽在指尖的火焰艺术》

### ✏ 做：编写导游词

子任务1：了解景泰蓝的概况及中学生研学团的特点。

子任务2：观看景泰蓝的现场导游讲解微课视频。

子任务3：根据比赛要求，编写面向中学生研学团的景泰蓝文化元素讲解要点。

子任务4：根据所选的团型及讲解要点，编写比赛导游词，并提交至教学App。

### ✏ 评：点评提升

【例文呈现】

亲爱的同学们，大家好！欢迎来到故宫博物院进行研学实践！参观游览完三大殿，现在我们来到的是故宫的珍宝馆。大家现在看到这件工艺美术品是景泰蓝，全名为掐丝珐琅缠枝莲纹象耳炉，是故宫镇馆之宝中的珐琅之宝。那么，这件景泰蓝为什么叫做掐丝珐琅呢？这就要从它的核心工艺流程说起。

景泰蓝是在铜质的胎型上，用柔软的扁铜丝掐成各种花纹，然后把珐琅釉料填充在花纹内，再烧制打磨而成的金属器物。它在13世纪末由阿拉伯地区传入我国，盛行于明朝景泰年间，又因使用的珐琅釉多以蓝色为主，所以得名景泰蓝。

北京是景泰蓝最为重要的产地。最初的景泰蓝诞生于皇宫，是皇家器物重要的组成部分，以典雅雄浑的造型、繁复的纹样、庄重的色彩著称，是驰名世界的传统手工艺品。

景泰蓝工艺的艺术特点可用形、纹、色、光四字来概括。一件精美的景泰蓝器皿，首先要有良好的造型，这取决于制胎；还要有优美的装饰花纹，这决定于掐丝；华丽的色彩决定于蓝料的配制；辉煌的光泽完成于打磨和镀金。

中国有句很有哲理的老话，"他山之石，可以攻玉"，即使景泰蓝是舶来品，但在中华民族博大精深的艺术土壤上，很快就融合了中华民族的传统风格，成为中国工艺美术史上一颗璀璨的明珠。

各位同学，接下来，让我们走进故宫的珍宝馆，去欣赏更多的景泰蓝精品，了解中国工艺之美，感受中国传统文化之美吧。

【点评提升】

本篇有关景泰蓝及研学团的现场导游词创作，很好地阐释了景泰蓝的工艺流程、历史文化以及艺术特点，整体上逻辑清晰、重点突出，需要提升的是面对中学生研学团的团型，除了开头和结尾的称呼之外，在其他方面没有契合与体现，这也是导游大赛时许多选手所存在的共同问题。

### 练：模拟讲解

根据自己所编写的导游词，完成脱稿模拟讲解，并按照比赛要求，录制"景泰蓝·中学生研学团"视频作业上传至教学 App，注意讲解时间、所选团型和讲解风范。

视频资源：景泰蓝——研学团现场导游词创作及讲解

# 任务二　自选景点导游词编写及模拟讲解

　　自选景点的范围为国家 AAAAA 级旅游景区或世界遗产地，时间为 4 分钟。单从名录上来看，可选择的范围非常广泛。但是要在短短 4 分钟内，将一处景点讲出国赛水平，非常考验所选景点的具体景观以及整篇导游词的主题立意。另外，比赛时要求配合 PPT 进行中文模拟讲解，也非常考验选手的现场表现能力。下面选择国家 AAAAA 级景区可可托海进行深入学习。

## ✏ 教：可可托海景区特色分析

　　可可托海景区位于新疆东北部阿勒泰地区富蕴县境内，总面积 788 平方千米，是国家 AAAAA 级旅游景区和世界地质公园。景区由额尔齐斯大峡谷、可可苏里、伊雷木湖、卡拉先格尔地震断裂带组成。它融地质奇观、矿业历史、冰雪资源、民族风情于一体，以自然观光、特种旅游、科普考察等为主要特色。

## ✏ 学：搜集整理资料

　　微信公众号：新疆可可托海景区
　　纪录片：大型微纪录片《新 219 国道》第 27 集：可可托海三号矿；《可可托海》：一部关于初心的故事

## ✏ 做：编写导游词

　　子任务 1：了解可可托海的景区概况
　　子任务 2：观看可可托海的现场导游讲解微课视频。
　　子任务 3：根据比赛要求，确定主题立意，厘清框架结构，选择讲解要点。
　　子任务 4：编写比赛导游词，并提交至教学 App。

## ✏ 评：点评提升

### 【例文呈现】

　　各位朋友，大家好！欢迎来到世界地质公园可可托海参观游览。可可托海位于新疆北部阿勒泰地区的富蕴县，总面积达 788 平方千米。景区由额尔齐斯大峡谷、可可苏里湖、伊雷木特湖、卡拉先格尔地震断裂带四个部分组成，以稀有金属矿床、地震遗迹和花岗岩地貌景观最具特色。

　　走进额尔齐斯大峡谷的大门，我们首先来到的是龙门广场。大家请看，在广场的正中央，有一组火炬型的雕塑。雕塑上不仅镶嵌着各种颜色的宝石，还写着锂、钽、铀等许多稀有金属的名称。景区内为什么会有这样一组奇特的雕塑呢？

　　请大家随我继续往前走。站在广场南侧的平台上往下看，呈现在我们眼前的是一个顶部大、底部小的倒锥形矿坑。它南北长250米，东西宽240米，深约200米，坑壁上有13层运矿车道层层环绕盘旋而下，坑底是个蓝绿色的积水潭。这就是因采矿而形成的3号矿坑，刚才那组雕塑上的宝石和稀有金属都是它的特产。

探测发现，3号矿坑蕴藏着86种矿物，超过世界已知矿物种类的60%，并且以储量丰富的稀有金属为主，因此被称作"天然矿物博物馆"。化学元素周期表上，有7种是在这里发现后才添加上去的。

依托优质的矿产资源，可可托海兴建了我国第一个以锂、铍、钽、铌为主的国防尖端原材料工业基地。大家知道吗？新中国第一颗原子弹所使用的铍，第一颗氢弹所使用的锂，第一颗人造卫星所使用的铯，都来自这里。所以3号矿坑又被誉为"两弹一星"的"功勋矿"。

不仅如此，20世纪五六十年代，3号矿坑出产的矿物，还通过以矿抵债的方式，偿还了超过40%的苏联外债，解决了中华人民共和国成立后面临的特殊困难。因此，3号矿坑也可以说是中华人民共和国的"英雄矿"。

我们现在看到的这个矿坑，最初是一座辉长岩柱状山体，高出地表260多米。当时的采矿工作又是如何进行的呢？据老一辈矿工们回忆，采矿时先要徒手挖掘隧道至矿山内部，然后利用有限的炸药在关键点爆破，爆破完成后就靠手挖肩扛爬犁拉，把矿石开采下来并运送到选矿厂。山顶挖空之后，再开始露天开采。

可可托海冬季最低气温可低至-50℃，露天采矿条件非常恶劣，加上物资匮乏，技术欠缺，时间紧任务重，矿工们所面临的困难是我们无法想象的。不畏艰难的可可托海人，硬是凭着愚公移山的精神，自立自强，敢拼敢干，用将近70年的时间，挖出了这个世界上最大的矿坑。

接下来，请大家戴上安全帽，拿上工具，随我到旁边的阿依果孜矿洞去体验一下当年的采矿工作吧。

【点评提升】

本篇导游词选取可可托海景区的3号矿坑作为具体景观进行讲解，突出了可可托海独特的稀有金属矿藏开发历史，并赞扬了自立自强，敢拼敢干的精神。总的来说，基本符合国赛的要求。需要提升的是，在讲解3号矿坑时逻辑顺序稍显凌乱，建议将讲解顺序调整为看到的矿坑—矿坑的形成—矿坑的价值，以符合游客的基本认知。同时，关于可可托海精神，建议采用官方的表述，以确保主题立意精准无误。

**练：模拟讲解**

根据自己所编写的导游词，完成脱稿模拟讲解，并按照比赛要求，录制"可可托海自选景点讲解"视频作业上传至教学App，注意讲解时间、所选团型和讲解风范。

视频资源：可可托海现场导游讲解

## 情景导入

### 山水都市游行程解析

重庆位于中国内陆西南部、长江上游地区，幅员面积8.24万平方千米，辖38个区县，是中西部地区唯一的直辖市。主城区内峡江相拥、山环水绕、桥梁飞架、轻轨穿越，加上因地制宜修建的各类建筑，共同营造出独具特色的城市风貌，使重庆成为著名的"山城""江城"。重庆也是中国著名历史文化名城，有文字记载的历史达3000多年，是巴渝文化的发祥地。山水都市主题专线是重庆市内游的经典线路，往往也是新导游们最先接触到的工作任务。

## 情景设计

假如你是重庆××旅行社的一名导游，即将接待一个重庆市内一日游的团队。根据公司提供的行程单，请做好讲解接待准备。

## 学习目标

1. 了解重庆市内一日游的主要景点及常规线路；
2. 掌握重庆市内重点景区的导游词编写技巧。

## 任务解析

1. 阅读重庆市内游的常规行程单，熟悉本次行程中涉及的景点；
2. 条件允许的情况下，到行程中的各个景点实地踩线；
3. 根据踩线结果或景点导览图，梳理行程中每个景点的讲解思路及要点；
4. 为行程中的每一个景点，编写一篇书面导游词；
5. 以写好的导游词为基础，进行模拟导游讲解。

说明：因山水都市是重庆导游资格考试面试题目之一，故重庆概况及沿途导游的导游词编写及模拟讲解，已安排在模块一进行学习。本模块主要学习重点及热门景区的导游词编写及模拟讲解。

学习资料：

重庆××旅行社山水都市一日游行程单：

| 时间 | 行程安排 | 景点特色 |
|---|---|---|
| 08：30—10：00 | 早餐后，酒店接团，后乘车前往【磁器口】参观游览 | 磁器口古镇始建于宋代，作为嘉陵江边重要的水陆码头，曾经繁盛一时，被誉为"小重庆"。 |
| 10：00—11：00 | 参观游览【人民大礼堂】 | 重庆市人民大礼堂是重庆的象征和最具影响力的标志性建筑、全国重点文物保护单位。 |
| 11：00—12：30 | 参观游览【重庆中国三峡博物馆】 | |
| 12：30—13：30 | 午餐 | |
| 13：30—14：30 | 赴【云端之眼】打卡拍照，赏高空重庆 | 重庆云端之眼位于联合国际大厦楼顶，可俯瞰嘉陵江与长江，远眺江北区、南岸区、九龙坡区、渝中区等。 |
| 14：30—15：30 | 参观游览【湖广会馆】 | 湖广会馆是"湖广填四川"移民历史的最佳见证，也是重庆市最大的会馆建筑。 |
| 15：30—16：30 | 体验乘坐【长江索道】 | 长江索道是重庆城市符号、重庆符色体验地、国家A级昊区、中国唯一的都市旅游空中观光景区，重庆旅游必游景点之一。 |
| 16：30—17：30 | 参观游览【解放碑】 | 解放碑又名"抗战胜利纪功碑"，位于重庆市渝中区解放碑商业步行街中心地带，是抗战胜利的精神象征。 |
| 17：30—18：30 | 参观游览【洪崖洞】 | 洪崖洞位于长江、嘉陵江两江交汇的滨江地带，以具巴渝传统建筑特色的"吊脚楼"风貌为主体，依山就势，沿江而建。 |
| 18：30— | 行程结束 | 行程结束后，游客自行返回酒店，也可继续欣赏夜景，品尝特色美食。 |

注：为教学需要，本行程参照重庆市内一日游的常规线路安排进行简化设计。另外，行程内既有体量较大或较复杂的景区，如磁器口、湖广会馆、洪崖洞等，也有体量较小或较单一的景点，如人民大礼堂、云端之眼、长江索道、解放碑等，需根据参观游览顺序及方式因地制宜进行导游讲解。近几年来，重庆借助短视频火爆全网，被称作"抖音之城"。因此本模块的学习可借鉴一些优秀短视频及导游直播讲解。

# 任务一　磁器口古镇导游词编写及模拟讲解

## 磁器口古镇简介

磁器口古镇位于重庆市沙坪坝区嘉陵江畔，始建于宋代，面积1.5平方千米，东临嘉陵江，南接沙坪坝，西界童家桥，北靠石井坡，是历经千年变迁而保存至今的重庆市重点保护传统街区。作为嘉陵江边重要的水陆码头，曾经"白日里千人拱手，入夜后万盏明灯"，繁盛一时，被赞誉为"小重庆"。

### 教：景点特色分析

磁器口古镇是重庆最具热度的古镇之一。它面临嘉陵江，被清水溪、凤凰溪两溪环抱，金碧山、马鞍山、凤凰山三山并列，构成"一江两溪三山四岸"的独特风貌，有正街、横街、后街三条街巷。古镇荟集巴渝文化、抗战文化、沙磁文化、红岩文化、宗教文化于一体，早在1998年即被国务院确定为重点保护历史传统街区，并于2015年获评首批"中国历史文化街区"。因此，导游讲解除了讲解历史沿革、建筑布局、特色美食等之外，还需要从古镇文化方面进行深度挖掘。

### 学：搜集整理资料

网站：重庆文物资源_重庆市文化和旅游发展委员会
微信公众号：重庆磁器口

### 做：编写导游词

子任务1：根据景区导览图，设计参观游览路线。

【参考路线】黄桷坪大门—钟家院—名人墙—宝善宫—鑫记杂货铺—宝轮寺—后街展示中心

子任务2：根据游览线路，编写讲解提纲。

【参考提纲】

| 序号 | 讲解要点 | 时间安排 | 字数（每分钟约200字） |
|---|---|---|---|
| 1 | 景区概况 | 3分钟 | 600字 |
| 2 | 名人墙 | 3分钟 | 600字 |
| 3 | 钟家院 | 3分钟 | 600字 |
| 4 | 宝善宫/丁肇中事迹陈列馆 | 5分钟 | 1000字 |
| 5 | 鑫记杂货铺/《红岩》中华子良的原型韩子栋脱险处 | 5分钟 | 1000字 |

续表

| 序号 | 讲解要点 | 时间安排 | 字数<br>（每分钟约200字） |
|:---:|:---:|:---:|:---:|
| 6 | 宝轮寺 | 3分钟 | 600字 |
| 7 | 后街展示中心（重庆记忆博物馆） | 6分钟 | 1200字 |
| 合计 | | 28分钟 | 5600字 |

子任务3：根据讲解提纲，编写一份导游词，并提交至教学App。

✐　评：点评提升

【例文呈现】

### 磁器口·宝善宫

各位朋友，大家好！现在我们来到的是磁器口古镇中的宝善宫。宝善宫是磁器口地区"九宫十八庙"之一，它的大门对着嘉陵江，有取水克火之意。宝善宫的用途屡有变更，既做过道观，也做过瓷器博物馆，抗战期间还曾经作为四川省立教育学院附属嘉陵实验小学的校舍。

现在，宝善宫被改造成了一个非常有特色的茶文化馆。这里最大的特点就是闹中取静、别有洞天。古时候房屋一般都会讲究轴线对称，而宝善宫的大门并没有设在轴线正中，而是设在房屋轴线的边上，偏向于东南方向，这样外面的声音就不能直接进入里面。同时，宝善宫的墙面又是坚固厚重的清水糯米墙，有一定的隔音作用。

在宝善宫里，有一棵大树几乎把整个院子遮盖了。这棵树就是重庆的市树——黄桷树，学名黄葛树。这棵树的树龄也就五六十年。但它生命力非常强，短短几十年的时间就长得枝繁叶茂。黄桷树的不远处还有一口井，过去的人们就是在这里打水净手，再进入轴线中央的大殿拜谒道家三清像。

1942年到1946年，诺贝尔物理学奖获得者丁肇中先生曾在嘉陵实验小学就读。因此，在旁边设有丁肇中事迹陈列馆。陈列馆的门口处有一组图片，这组图片是2014年1月6日丁肇中先生再回磁器口拍摄的。可以看到当时78岁的丁肇中先生身体非常硬朗，第二幅图是丁肇中先生和重庆的挑夫"棒棒"拍摄的照片，当时丁肇中先生还是用重庆话与"棒棒"交流，而且重庆话说得非常地道。在右下方这一张照片非常珍贵，这是丁肇中先生与小学老师的合影。

展览馆内，墙上有一段时间轴，从左往右可以看到，丁肇中先生于1936年1月27日在美国出生，同年3月随母亲回国。由于抗日战争爆发，国民政府迁都重庆。1939年丁肇中先生一家迁移至重庆，居住在四川省立教育学院，也就是现在古镇对面的二十八中。1942—1946年，丁肇中先生在这读小学。1949年，随父母到台湾。1956年到美国密歇根大学学习。1974年，他发现了一个质量约为质子质量3倍（质量为$3.1×10^9 eV$）的长寿命中性粒子。在公开发表这个发现时，丁肇中把这个新粒子取名为J粒子，因为"丁"和英文字母中的"J"形似。1976年，丁肇中被授予诺贝尔物理奖，是继杨振宁、李政道之后的第三位华人获得诺贝尔奖，也是第一位先用汉语再用英语发表获奖感言的华人，具有深厚的爱国情怀。

在宝善宫的巷子里，展示有很多抗战时期的文化名人，像大家所熟知的丰子恺、马寅初、徐悲鸿、郭沫若、冰心等，都来过磁器口古镇。磁器口古镇是沙磁文化发源之地，与津沙文化区、成都金牛文化区、北碚文化区并列为中国大后方四大文化区。

【点评提升】

本篇导游词在讲解宝善宫的基础上，重点讲解了丁肇中事迹陈列馆，并由此延伸到了沙磁文化，抓住了景点的特色与底蕴，避免了流于表面、蜻蜓点水式的讲解。建议进一步阐述时代背景，拓展文化广度，挖掘深度与精神内涵。

### 练：模拟讲解

抖音 App 搜索"磁器口"，观看相关讲解视频，学习磁器口古镇的导游讲解。根据自己所编写的导游词，完成脱稿模拟讲解，视频作业提交到教学 App。

# 任务二　重庆市人民大礼堂导游词编写及模拟讲解

## 重庆市人民大礼堂简介

重庆市人民大礼堂，位于重庆市渝中区人民路173号，是重庆市的标志性建筑，也是重庆政治文明、精神文明和社会文明的缩影。1987年，在英国皇家建筑学会出版的《比较建筑史》中，新中国当代建筑首次载入世界建筑史册的共有42项工程，重庆市人民大礼堂位列第二。

### 教：景点特色分析

重庆市人民大礼堂是邓小平、刘伯承、贺龙等老一辈革命家主持修建的世界知名建筑，是重庆的象征和最具影响力的标志性建筑、全国重点文物保护单位。它由我国著名建筑设计师张家德先生设计，始建于1951年，1954年竣工。重庆市人民大礼堂的特色在于独特的修建历史、卓越的建筑设计和其承载的重庆文化与精神，在导游讲解的时候要突出这三个方面。

### 学：搜集整理资料

网站：重庆市人民大礼堂

### 做：编写导游词

子任务1：根据景区导览图，设计参观游览路线。

【参考路线】人民广场—牌坊—大礼堂外观—大礼堂内部

子任务2：根据游览线路，编写讲解提纲。

【参考提纲】

| 序号 | 讲解要点 | 时间安排 | 字数（每分钟约200字） |
|---|---|---|---|
| 1 | 人民广场 | 4分钟 | 800字 |
| 2 | 牌坊 | 3分钟 | 600字 |
| 3 | 大礼堂外观 | 7分钟 | 1400字 |
| 4 | 大礼堂内部 | 6分钟 | 1200字 |
| 合计 | | 20分钟 | 4000字 |

子任务3：根据讲解提纲，编写一份导游词，并提交至教学App。

✐ **评：点评提升**

【例文呈现】

### 重庆市人民大礼堂·建筑设计

各位朋友，大家好！穿过人民广场，沿着台阶向上走，我们便来到了重庆市人民大礼堂正前方的平台上。人民大礼堂坐东朝西，由中心礼堂和东楼、南楼、北楼四部分组成。大家请看，中间这座穹庐全顶的建筑便是中心礼堂。它在建筑艺术造型上仿照的是北京天坛的皇穹宇，内有五层，可容观众3400多人。中心礼堂外面的圆柱望楼，仿照的是北京天安门的外观设计；左右两侧，镶嵌着类似北京故宫的四角塔楼。

大礼堂在整体布局上，采用了中国传统轴线对称手法，布局和谐，气势恢宏，处处体现了我国传统建筑的风格与特点。

首先，人民大礼堂始建于1951年9月，竣工于1954年4月，建筑面积3.15万平方米，总高65米，中跨46.33米。在当时的条件下，想要修建体量宏大的建筑面临着诸多困难。中国古代的木结构建筑，由于受木材长度、粗细、材质等局限，建筑单体不可能很大，往往选择利用较高的地势和巨大的台基烘托，以取得宏伟壮观的艺术效果。因此，大礼堂也选址在地势较高的马鞍山上，并且通过宽阔坚实的台基来提升气势。

其次，中国古建筑主要以建筑围成的院落为单元，通过明显的轴线关系，串联和并联成千变万化的建筑群组。大礼堂的设计也借鉴了这一理念，通过轴线对称手法，配以南北两翼，使得整体布局和谐端庄，富于变化。

再次，大礼堂屋顶各部曲线优美柔和，向上微翘的飞檐，使本应下压的屋顶反而随着线条的曲折，显现出向上托举之感，与宽厚的正身和台基形成视觉上的反差与协调，显得既安定踏实又古雅明快。

在设计和修建大礼堂的过程中，除了借鉴中国古代建筑，设计师张家德先生还融入了许多西方建筑的设计理念与建筑工艺。

因此这一处气势雄伟、金碧辉煌的建筑群，被誉为中国传统宫殿建筑风格与西方建筑的大跨度结构巧妙结合的杰作。我国建筑界泰斗梁思成先生评价其为"20世纪50年代中国古典建筑划时代的最典型的作品"。

如今的人民大礼堂，不仅是重庆市举办大型会议、庆典和演出的重要场所，还是重庆的象征和最具影响力的标志性建筑。它见证了解放初期，刘伯承、邓小平、贺龙等西南军政委员会主要领导人当时率领西南人民，历时三年为完成这一历史巨作而挥洒的汗滴；见证了半个多世纪以来党和国家领导人的亲临视察；见证了历届重庆市人大代表、政协委员参政议政的光辉历程；见证了重庆人民改变落后面貌、建设新中国的峥嵘岁月；见证了美国总统、日本首相、柬埔寨国王等外国元首来访的辉煌篇章；见证了亚洲城市市长峰会、亚洲议会和平协会、全国科协年会在此召开的空前盛况。

好了，各位朋友，关于大礼堂的建筑设计我先介绍到这里，接下来请大家随我进入礼堂内继续参观游览。

【点评提升】

本篇导游词从建筑设计的角度，具体讲解了重庆市人民大礼堂的设计理念与建造工艺，整体上重点突出，思路清晰。需要注意的是，在讲解大礼堂的历史价值与作用时，用了一系列的排比句，这是在现场导游讲解时不太容易把握的。另外，建议补充更多有关历史细节的内容，避免过于宏大的叙事。

### ✎ 练：模拟讲解

抖音 App 搜索"重庆市人民大礼堂"，观看相关讲解视频，学习重庆市人民大礼堂的导游讲解。根据自己所编写的导游词，完成脱稿模拟讲解，视频作业提交到教学 App。

# 任务三 "云端之眼"观景平台导游词编写及模拟讲解

## "云端之眼"观景平台简介

"云端之眼"观景平台位于渝中区联合国际大厦的顶楼，是央视2022年春节联欢晚会节目《行云流水》的拍摄地之一。在这里，可以360°、全方位、无死角地纵览重庆两江四岸的都市风貌。白天，抬头浩瀚蓝天，俯首楼宇连绵；夜晚，头顶星光灿烂，脚下万家灯火，因此成为重庆一处新网红打卡点。

### 教：景点特色分析

"云端之眼"观景平台是一处高空观景体验地，附近还有WFC会仙楼观景台、来福士观景台。游客到此，主要是打卡拍照，欣赏城市风貌和夜景。相对来说，讲解比较简单。一般可以从修建过程、城市风貌等方面进行导游讲解。需要注意的是，站在平台上，能够将重庆主城区四面八方的景观尽收眼底，导游要对这些景观，尤其是标志性建筑了然于心。

### 学：搜集整理资料

2022年央视春晚节目：《行云流水》

### 做：编写导游词

子任务1：根据景点概况，编写讲解提纲。

【参考提纲】

| 序号 | 讲解要点 | 时间安排 | 字数（每分钟约200字） |
|:---:|:---:|:---:|:---:|
| 1 | 景观特色 | 1分钟 | 200字 |
| 2 | 平台设计 | 1分钟 | 200字 |
| 3 | 来福士朝天门 | 1分钟 | 200字 |
| 4 | 江北嘴大剧院 | 1分钟 | 200字 |
| 5 | 城市风貌及夜景 | 1分钟 | 200字 |
| 合计 | | 5分钟 | 1000字 |

子任务2：根据讲解提纲，编写一份导游词，并提交至教学App。

✏ **评：点评提升**

**【例文呈现】**

各位游客，大家好！现在我们来到的是云端之眼观景平台。在央视2022年春节联欢晚会的节目《行云流水》中，影子江湖创始人、陈氏太极拳第十三代传人杨德战，在此演绎了虎虎生风的太极武术，"云端之眼"观景平台一炮走红，成为重庆主城唯一的"悬空式"观景打卡点。

"云端之眼"所在的这栋楼叫做联合国际大厦，它的建筑总高度318米，主体有67层，加上停机坪是69层，海拔高度520米。因为"520"与"我爱你"谐音，所以这一数字也被赋予了浪漫甜蜜的色彩。观景平台原本是一处停机坪，在开发的时候，选用醒目的红色进行设计改造，与重庆火辣热情的形象相得益彰。

请大家站在这个位置向外看，不远处就是重庆的地标性建筑来福士，又称"朝天扬帆"。它由8座塔楼和一个6层商业裙楼组成，是一个集住宅、办公楼、商场、服务公寓、酒店、餐饮会所为一体的城市综合体。来福士由世界知名建筑大师摩西·萨夫迪设计，由新加坡凯德集团投资，投资总额超过240亿元，于2019年分阶段投入使用。来福士是目前重庆已经建好的最高楼，2020年当选"成渝十大文旅新地标"。

来福士所处的位置正是朝天门码头，嘉陵江由北向南在此汇入长江，朝天门是古代重庆城门中等级最高的一座城门。嘉陵江与长江两江交汇，形成渝中半岛。重庆的城市建设，正是以渝中半岛为中心，沿着两江四岸发展，因此渝中区这一带也被称为"母城"。在码头上，大家可以看见停泊着许多游轮，游客主要体验的是两江夜游。除此之外，还停泊着部分长江三峡的豪华游轮。

大家请看，与来福士隔江相望的，就是位于江北区江北嘴的重庆大剧院。重庆大剧院于2009年9月竣工并投入使用，是集歌剧、戏剧、音乐会演出、文化艺术交流多功能为一体的大型社会文化设施。大剧院建筑呈不规则形态，最高约60米，东西长约200米，南北宽约100米，看上去棱角分明。它的外墙采用了翡翠色调的内透光设计，晚上看上去就像座透明的水晶宫殿。2011年11月，重庆大剧院荣获2010—2011年度中国建设工程鲁班奖。2011年12月，重庆大剧院荣获第十届中国土木工程"詹天佑奖"。

大家都知道，重庆有"山城"之称，站在这里可以清楚地看到，一栋栋高楼大厦，在嘉陵江和长江沿岸的群山上次第生长，层层叠叠，直入云霄，组成一片独特的重庆森林。夜幕降临，华灯初上的时候，天上的星光，地上的灯光，江里的水光，交相辉映，又是另一幅景象。

**【点评提升】**

本篇导游词较好地把握了"云端之眼"观景平台的特色，并且也关注到了在平台上能够看到的地标性建筑与城市风貌。建议将两者进一步结合起来，按照由远及近或由近及远的顺序，进一步细化精确表达。

✏ **练：模拟讲解**

抖音App搜索"重庆云端之眼"，观看相关讲解视频，学习云端之眼观景平台的导游讲解。根据自己所编写的导游词，完成脱稿模拟讲解，视频作业提交到教学App。

# 任务四　湖广会馆导游词编写及模拟讲解

## 湖广会馆简介

重庆湖广会馆位于重庆市渝中区长滨路芭蕉园1号，是全国重点文物保护单位，国家AAAA级旅游景区。它始建于清乾隆二十四年（1759年），是禹王宫、齐安公所、广东公所等清代古建筑群及仿古建筑的统称。

### 教：景点特色分析

重庆湖广会馆是典型的会馆建筑，在导游讲解时，应注意结合中国的会馆文化与"湖广填四川"的移民历史。馆内的湖广填四川博物馆和禹王宫等主体建筑是讲解的要点和难点。

### 学：搜集整理资料

网站：重庆湖广会馆_重庆市文化和旅游发展委员会

微信公众号：重庆湖广会馆

书籍：《湖广填四川》，作者肖平；《湖广填四川移民通道上的会馆研究》，作者赵逵

### 做：编写导游词

子任务1：根据景区导览图，设计参观游览路线。

【参考路线】游客中心—移民博物馆—禹王宫—广东公所—齐安公所—出口

子任务2：根据游览线路，编写讲解提纲。

【参考提纲】

| 序号 | 讲解要点 | 时间安排 | 字数（每分钟约200字） |
|------|----------|----------|----------------------|
| 1 | 湖广会馆概况 | 4分钟 | 800字 |
| 2 | 移民博物馆 | 5分钟 | 1000字 |
| 3 | 禹王宫 | 5分钟 | 1000字 |
| 4 | 广东公所 | 3分钟 | 600字 |
| 5 | 齐安公所 | 3分钟 | 600字 |
| 合计 | | 20分钟 | 4000字 |

子任务3：根据讲解提纲，编写一份导游词，并提交至教学App。

✎ **评：点评提升**

【例文呈现】

### 湖广会馆·禹王宫

　　游客朋友们，大家好！我们现在来到的是重庆湖广会馆。湖广会馆始建于清乾隆年间，由早期"湖广填四川"移民中的湖南、湖北富商、乡绅捐资兴建。道光年间扩建，从乾隆到光绪年间还经过了多次修葺，有近300年的历史，是目前已知我国城市中心城区现存最大的古会馆建筑群。会馆是我国明清时期都市中由同乡或同业自发出资修建的公众建筑。明清时期的会馆大体可分为3种，主要为同乡官僚、缙绅和科举之士居停聚会之处，称为试馆；以工商业者、行帮为主体，称为同乡商业会馆；四川的大多数会馆，则是同乡移民会馆。湖广会馆正是典型的移民会馆。

　　禹王宫是湖广会馆的主要组成部分，始建于康熙年间，道光二十六年（1846年）又加以扩建，是湖广会馆建筑群里最大的一处建筑，其面积约占全馆三分之一。

　　禹王宫的正厅内供奉的是大禹。大禹是夏代以前，传说当中成功治水、造福于人的英雄楷模。清代湖广省大致相当于今之湖北省和湖南省，地处长江中游，汉江以南的广大地域地势低平，历来洪灾不断。因此，湖广移民就祭拜大禹来祈求风调雨顺、舟楫平安。大禹雕像的右侧，绘制的是九州分域图。禹王塑像的基座周边，供奉着众多姓氏的宗祖牌位。这些便是"湖广填四川"时来到此处的家族。

　　从建筑形式上来说，禹王宫是南方庙宇中常见的木结构悬山式建筑。这座正厅净空高达10.65米，是湖广会馆建筑群最高的一处殿堂。正厅的梁、柱选用粗大优质柏木建造，主要立柱直径达50厘米，历经150多年仍完好无损。据说这些木材，当年都是从湖北运来。屋檐下为龙头斗拱，龙头都朝着长江，寓意大龙锁江。

　　禹王宫正厅的对面，是一座戏台。戏楼面阔6.8米，因地形限制，戏台与正厅距离仅有3.3米。戏楼上额枋雕刻的是八仙图，斜撑为圆雕。正厅与戏楼雕梁画栋、涂朱镏金，木雕镂刻保存完好。

　　禹王宫后面的"福堂"，福堂里面从右至左，依次是福、禄、寿、禧、财碑，这便是我们常说的五福。另外还有一株摇钱树，它是流行于东汉和三国魏晋时期巴蜀地区独具特色的青铜制品。

　　禹王宫西侧的大殿是"客厅"，为同籍移民在会馆举行聚会、应酬、款待朋友之地。篆书匾额：来则安之。这也是在宽慰移民到此的同乡随遇而安。

　　自清朝康熙年间以来，移居重庆的湖广移民及其后裔每年都会聚集在禹王宫纪念大禹，祭奉先祖，祈福平安，逐渐形成一种群众性聚会的传统民俗活动，在重庆具有悠久历史和广泛影响，2014年被确定为重庆市市级非物质文化遗产之一。目前湖广会馆仍然会举办禹王祭祀祈福仪式，祭拜禹王，祈福来年的幸福平安，也颂扬大禹敢于担当、大公无私、艰苦奋斗的精神。

【点评提升】

　　本段导游词从禹王宫的建筑历史、建筑结构等方面介绍了禹王宫。需要提高的是，不能只讲解眼前所见的景物，而是要运用虚实结合法，将实物与历史文化结合起来，才能拓宽讲解的深度和内涵。

　　抖音 App 搜索"重庆湖广会馆",观看相关讲解视频,学习湖广会馆的导游讲解。根据自己所编写的导游词,完成脱稿模拟讲解,视频作业提交到教学 App。

# 任务五　重庆长江索道导游词编写及模拟讲解

## 重庆长江索道简介

重庆长江索道于1987年10月24日竣工投入运行，是我国自行设计制造的万里长江上第一条大型跨江客运索道。索道北起渝中区新华路，南至南岸区上新街，连接渝中区和南岸区，是构筑重庆独具特色的立体交通网络的重要组成部分，也是一处网红打卡点。

### ✎ 教：景点特色分析

长江索道最初是重庆人民的过江空中交通工具，后来转变成景区身份后逐渐出圈，成为重庆的一处热门打卡地。但是不少游客，对长江索道的体验感不佳，尤其是在节假日期间，排队两小时，乘坐五分钟的情况十分常见。因此，建议导游在乘坐之前就进行详细的介绍，尤其要介绍长江索道在特定历史时期的价值和意义。同时，不少年轻游客是因为影视剧的拍摄而到此打卡拍照。因此，建议导游分享一些拍照技巧，以满足游客的个性化需求。

### ✎ 学：搜集整理资料

网站：重庆文物资源_重庆市文化和旅游发展委员会
微信公众号：长江索道

### ✎ 做：编写导游词

子任务1：根据景点概况，编写讲解提纲。

【参考提纲】

| 序号 | 讲解要点 | 时间安排 | 字数（每分钟约200字） |
|------|----------|----------|------------------------|
| 1 | 长江索道的地理位置、乘坐指南 | 1分钟 | 200字 |
| 2 | 长江索道的主要构成、运行情况 | 2分钟 | 200字 |
| 3 | 长江索道的历史沿革和社会意义 | 2分钟 | 200字 |
| 4 | 长江索道的影视文化、拍摄技巧 | 2分钟 | 200字 |
| 合计 | | 7分钟 | 1400字 |

子任务2：根据讲解提纲，编写一份导游词，并提交至教学App。

✏️ **评：点评提升**

**【例文呈现】**

各位朋友，大家好。接下来我们要乘坐被誉为"万里长江第一条空中走廊"的长江索道。在此之前，我先为大家简单介绍一下长江索道。

长江索道是重庆独具特色的城市基础设施景观，它北起渝中区新华路，南至南岸区上新街，连接渝中区和南岸区，于1987年10月24日竣工通行。索道全长1166米，运行速度6米/秒，单程运行时间4分30秒，最大载客量65人，日运客量1.05万人次。

修建索道时，除四根直径54毫米的承载绳为奥地利进口外，其他设备均为国产，长江索道也成为我国第一条自行设计、制造、安装、调试的双承载双牵引索道。在设置索道运行速度时，从每秒运行1米到9米都测试过，反复试验了上百次，最后得出结论是每秒6米的速度是最安全、最舒适的，对设备的震动和磨损也最小。这个速度此后一直没变过，维持到现在。

为什么要修建长江索道呢？长江与嘉陵江两江交汇，使渝中半岛成了古代水运汇集的码头城市雏形。在古代，重庆特有的水陆地形形成了易守难攻的天险，可是对于现代化城市建设来说，两江水域、山路难行却变成了制约城市发展不可忽视的因素。索道建成之前，从渝中到南岸的交通工具主要是公共汽车和轮渡，速度慢又时常受天气制约。重庆是有名的"雾都"，每年大雾天气多达60~70天，轮渡经常会断航。建成后，索道成为重庆市民往来长江两岸的重要交通工具。

长江索道刚开通时票价8角，远远高于公共汽车，但仍然有不少市民毫不犹豫地选择乘坐索道。特别是遇到大雾、涨水等情况，长江封航、市民无法乘坐轮渡时，渝中的队伍从新华路能排到小什字，而南岸也排到了上新街，两三百人的长龙时常可见。开通第二年，乘坐长江索道的人数就突破百万人次，排长队坐索道的盛况一直持续到20世纪90年代末。

随着出租车和私家车的增多以及长江大桥的修建，坐索道过江的市民明显减少。特别是东水门大桥、千厮门大桥建成后，两三分钟就能开车过江，走路也只要10多分钟。2000—2005年，最少时一天只有十几人乘坐，曾经辉煌的索道公司面临破产。

索道公司最后决定向旅游景区的身份转变，将长江索道按照景区标准重新打造。与此同时，索道发展迎来了新一轮契机。随着长江两岸城市建设的提档升级，许多电影选择在重庆拍摄，长江索道也一同入镜，甚至成为其中重要元素，包括《周渔的火车》《疯狂的石头》《好奇害死猫》等，长江索道再次受到关注。

2009年，长江索道被重庆市政府确定为市级文物保护单位，2013年被评为国家AAA级景区，2014年1月1日重新开门迎客，2018年晋升为AAAA级景区。从交通工具成功转型为旅游景区，客流量连连创下历史新高。俄罗斯交通部副部长阿萨乌尔访问重庆，专门来乘坐索道。加拿大驻华大使麦家廉访问重庆，第一站就是体验长江索道。在短视频平台上，长江索道成为体现重庆立体特色交通和8D魔幻城市的最佳符号之一。因此，长江索道又出现了当年排队的盛况。

接下来，为大家简单介绍几个长江索道的拍摄地点。地点一，在南端上新街索道站或者北端新华路索道站，可以解锁各个角度的长江索道。地点二，在车厢里，长江索道来往都会有车厢，想要拍到车厢就请务必站在车厢里靠近另外一根索道的窗边。地点三，在附近的居民楼，可以拍摄《隐秘的角落》同款照片。

好了，关于长江索道我就先介绍到这里，接下来请大家随我一起开始体验横跨长江的空中之旅吧。

【点评提升】

本篇导游词从长江索道的地理位置、主要结构、历史沿革等方面，介绍了长江索道的基本情况，条理清晰，重点突出，尤其是拍照摄影的技巧，契合了当前游客的个性化需求。建议补充一些在特定的历史背景，修建长江索道所面临的困难以及科研技术人员攻坚克难的事例和精神，从而更好地突出长江索道的社会意义和历史价值。

### 练：模拟讲解

抖音 App 搜索"长江索道"，观看相关讲解视频，学习长江索道的导游讲解。根据自己所编写的导游词，完成脱稿模拟讲解，视频作业提交到教学 App。

# 任务六　人民解放碑导游词编写及模拟讲解

## 人民解放碑简介

解放碑是重庆市的标志建筑物之一，最初兴建于民国二十九年（1940年）3月12日孙中山逝世纪念日，于民国三十年（1941年）底落成，命名为"精神堡垒"以激励中华民众奋力抗争以取得胜利，抗战胜利后改名为"抗战胜利纪功碑"。1950年由刘伯承改题"重庆人民解放纪念碑"。解放碑记录着重庆的历史与文化，支撑着重庆过去和未来，如今的解放碑已是中央商务区的代名词，是重庆核心的城市名片，也是重庆十大文化符号之一。

### 教：景点特色分析

解放碑四周高楼大厦林立，如果从单体建筑的角度来看，确实不够宏伟壮观。因此，更加需要在讲解内容上进行多角度挖掘，尤其是要挖掘与解放碑相关的历史事件与历史人物，以扩展景点讲解的广度和深度。

### 学：搜集整理资料

网站：一起来看看解放碑的前世今生_重庆市人民政府网
微信公众号：爱尚解放碑（重庆解放碑中央商务区管理委员会）

### 做：编写导游词

子任务1：根据景点特色，编写讲解提纲。
【参考提纲】

| 序号 | 讲解要点 | 时间安排 | 字数（每分钟约200字） |
|:---:|:---:|:---:|:---:|
| 1 | 地理位置、建筑概况 | 1分钟 | 200字 |
| 2 | 历史沿革、社会意义 | 2分钟 | 400字 |
| 3 | 内部结构、重要文物 | 2分钟 | 400字 |
| 4 | 周围建筑、步行街区 | 1分钟 | 200字 |
| 合计 | | 6分钟 | 1200字 |

子任务2：根据讲解提纲，编写一份导游词，并提交至教学App。

✎ **评：点评提升**

**【例文呈现】**

各位游客，我们现在看到的就是重庆的地标性建筑——解放碑。它是中国唯一一座纪念中华民族抗日战争胜利的纪念碑，也是中国唯一一座纪念全中国人民解放的纪念碑。

解放碑位于渝中区邹容路、民族路和民权路交汇处，由钢筋水泥建造，是一个八面柱体形建筑物，由台基、碑座、碑身及钟楼4个部分组成。碑通高27.5米，碑座由八根青石护柱组成，碑座外侧用重庆北碚上等峡石镶嵌。

在碑体内部，有旋梯盘旋至碑顶，共8层。碑身内壁刻有长城箭垛花纹，随旋梯126步而上直达碑顶。碑顶设有钟楼，可站10余人，通过钢窗可见四面景象。顶端有一圆形的密封铁盖，铁盖外是风向标。在碑身进口处的内壁上有一块石刻碑文，字迹隐约可见，上有"设计人黎伦杰"等字样。地下有一处密室，已被密封，不知深浅。

据档案记载，当年建碑时，在碑壁中埋藏有纪念钢管，里面装有设计图纸和设计、施工人员的签字，以及当时的报纸、邮票、钞票、照片等。纪念钢管里还放有时任美国总统罗斯福1944年托副总统华莱士来渝时赠送给重庆市民的《致重庆人民的纪念状》，以赞扬中国人民"拥护自由之忠诚，将使后代人民衷心感动而永垂不朽"。因为档案没有具体记载纪念钢管的位置，所以究竟里面有哪些东西，还有待进一步发现。

解放碑最初兴建于民国二十九年，也就是1940年3月12日，这一天是孙中山先生逝世纪念日。民国三十年，也就是1941年底落成后，解放碑最初被命名为"精神堡垒"，以激励中国民众奋力抗战。抗战胜利后，时任重庆市长张笃伦发起陪都各界献金修建纪功碑，并成立了专门的筹建委员会。1947年10月10日，"抗战胜利纪功碑"在"精神堡垒"旧址竣工落成。

1949年11月30日，重庆得到解放。第二天，这座碑的顶端飘扬起欢庆重庆解放的第一面五星红旗。1950年9月底，中华人民共和国成立后的第一个国庆节前夕，经当时的"西南军政委员会"核准，将其改名为"人民解放纪念碑"。纪功碑改名为"人民解放纪念碑"是要表明，它不仅是纪念重庆和西南的解放，更是纪念全中国人民的解放。功勋卓著的刘伯承元帅亲自为解放碑题词"重庆人民解放纪念碑"。

当年10月1日，重庆人民又在这里隆重庆祝中华人民共和国成立后的第一个国庆节。从此，解放碑成为重庆盛大集会、重大节日的庆典之地，成为重庆当之无愧的地标性建筑。

1990年代以前"解放碑"曾是重庆市内最高的建筑物之一。1997年，重庆成为直辖市后，经济高速发展，更多的零售业、娱乐业、餐饮业、酒店业和金融业机构云集解放碑地区，由此形成了"解放碑中央商务区"（简称"解放碑CBD"）。周围商场、书店、影剧院、酒吧、酒店等鳞次栉比，一应俱全。解放碑虽然逐渐被淹没在高楼大厦之中，但它永远是重庆人民的精神家园和重庆城市的形象标识。

好了，各位游客，关于解放碑我就先介绍到这里，接下来大家可以自行参观拍照。15分钟后，我们前往行程中的下一处景点。

【点评提升】

本篇导游词条理清晰，逻辑性强，除了介绍解放碑的历史沿革之外，还介绍了解放碑的整体结构和内部情况，非常值得学习和借鉴。建议在结尾处介绍解放碑周围的商业娱乐设施时，能够与解放碑的由来进行呼应，使游客在享受盛世繁华的同时也不忘前辈的浴血奋斗，讲解主题得到进一步升华。

### 练：模拟讲解

抖音 App 搜索"重庆解放碑"，观看相关讲解视频，学习解放碑的导游讲解。根据自己所编写的导游词，完成脱稿模拟讲解，视频作业提交到教学 App。

# 任务七　洪崖洞导游词编写及模拟讲解

## 洪崖洞简介

　　洪崖洞，位于重庆市渝中区嘉陵江滨江路88号，地处长江、嘉陵江两江交汇的滨江地带，是兼具观光旅游、休闲度假等功能的旅游区。作为重庆市重点景观工程，主要由吊脚楼、仿古商业街等景观组成。在这里可望吊脚群楼观洪崖滴翠，逛山城老街赏巴渝文化，烫山城火锅看两江汇流，品天下美食。2007年11月，重庆洪崖洞民俗风貌区被评定为国家 AAAA 级旅游景区。2020年11月18日，洪崖洞被列入"成渝十大文旅新地标"。

### ✎ 教：景点特色分析

　　洪崖洞不同于一般的景区景点，是一处开放的民俗风貌区，也是一个景观工程，是重庆8D魔幻城市的重要符号之一。其最大的特色，一是造型奇特的吊脚楼群，二是依托建筑群形成的商业形态，三是夜景。因此要从这三个方面，去挖掘重庆的建筑、商业民俗和夜景的独特魅力。此外，因洪崖洞内道路狭窄，空间较小，一般是在车上对其进行整体介绍，抵达后游客自行参观拍照。

### ✎ 学：搜集整理资料

　　网址：景区景点_重庆市文化和旅游发展委员会
　　微信公众号：洪崖洞（重庆洪崖洞景区管理有限公司）

### ✎ 做：编写导游词

　　子任务1：根据景点特色，编写讲解提纲。
　　【参考提纲】

| 序号 | 讲解要点 | 时间安排 | 字数（每分钟约200字） |
|------|---------|---------|---------------------|
| 1 | 洪崖洞概况 | 1分钟 | 200字 |
| 2 | 整体结构布局 | 3分钟 | 600字 |
| 3 | 吊家楼建筑群 | 3分钟 | 600字 |
| 4 | 洪崖门与洪崖滴翠 | 2分钟 | 400字 |
| 5 | 餐饮休闲娱乐项目 | 1分钟 | 200字 |
| 合计 | | 10分钟 | 2000字 |

　　子任务2：根据讲解提纲，编写一份导游词，并提交至教学 App。

## ✎ 评：点评提升

【例文呈现】

### 洪崖洞·吊脚楼建筑群

游客朋友们，现在我们来到的就是重庆著名的网红景点洪崖洞民俗风貌区。"红"到什么程度呢？在抖音 App 上，用户打卡定位超过 10 亿次，有十几万的衍生视频。洪崖洞成为感受重庆 8D 魔幻城市的第一站。

为什么这么"红"呢？我们首先来看洪崖洞的建筑。洪崖洞以最具巴渝传统建筑特色的"吊脚楼"风貌为主体，依山就势，沿崖而建，整体落差有 79 米，进深约 30 米，完全修建在悬崖峭壁上。在修建这些建筑时，采用了分层筑台、吊脚、错叠、临崖等传统山地建筑手法，加上现代的建筑工艺和技术，才完成了这一建筑奇观。2003 年洪崖洞工程正式开工，工程历经三年，于 2006 年终于全面完工建成，总投资达 3.85 亿元。目前，洪崖洞民俗风貌区一共有 11 层，长约 50 米，总占地面积 3.15 万平方米，把餐饮、娱乐、休闲、保健、酒店和特色文化购物等六大业态有机整合，形成了别具一格的"立体式空中步行街"。

洪崖洞地处长江、嘉陵江交汇点的嘉陵江一侧，底部临江，紧挨着嘉陵江江滨路，顶部也是一条公路，名为沧白路，可通向千厮门大桥。因此，我们在这里能看到 1 楼是马路，11 层也是马路；负 1 层是车库，10 层也有车库的奇幻景象。

除了独特的建筑形态，夜晚灯光则为洪崖洞锦上添花。每到夜幕降临，灯光亮起，整个洪崖洞流光溢彩，与江水交相辉映，堪称日本电影《千与千寻》内汤屋的现实版，号称宫崎骏的移动城堡。这也是洪崖洞在网络上走红的另一个原因。随着《受益人》《从你的全世界路过》《少年的你》《失孤》等电影在此取景，洪崖洞成为重庆网红景点中的顶流。以至于每到大型节假日，人流量超过预警时，甚至这里会封桥封路，以便游客打卡拍照。

洪崖洞没有改造之前是什么样呢？洪崖洞所在的位置，原来是老重庆的"洪崖门"。老重庆有 17 道城门，称作"九开八闭"。其中，洪崖门为八个闭门之一，是军事要塞。目前，附近仍有江隘炮台、洪崖闭门、镇江古寺、东川书院、纸盐码头、明代城墙、张培爵纪念碑等众多的历史遗迹。

当时的洪崖洞一带林木苍翠，一条小溪从山林间渗出，沿大阳沟、会仙桥一直流到洪崖洞附近，形成一道瀑布悬空而下，落至崖间再顺着岩石自上而下地汇作涓涓细流。而在少雨的季节，水就星星点点往崖下滴，水珠被阳光映透得如绿珠碧玉，便形成了古巴渝十二景之一的"洪崖滴翠"。

各位游客，关于洪崖洞我就先介绍到这里。接下来请大家随我进入景区内继续参观游览。

【点评提升】

本篇导游词角度新颖，取材广泛，能够与时俱进，从解释"洪崖洞为什么能成为网红"的角度，详细介绍了洪崖洞的景观特色，具有一定的原创性。建议在此基础上，进一步挖掘洪崖洞的历史文化内涵。

✎ **练：模拟讲解**

  抖音 App 搜索"洪崖洞"，观看相关讲解视频，学习洪崖洞的导游讲解。根据自己所编写的导游词，完成脱稿模拟讲解，视频作业提交到教学 App。

## 情景导入

### 长江三峡游行程解析

长江干流在重庆境内有 691 千米，嘉陵江在朝天门汇入长江，之后滚滚江水便向东北方向奔流而下，三峡成为渝东北旅游的永恒主题，长江三峡专线是重庆市最具知名度和影响力的主题线路。朝天门码头是重庆长江三峡豪华游轮的起点，沿途经过的景点重庆境内主要有丰都鬼城、涪陵白鹤梁、忠县石宝寨、奉节白帝城、瞿塘峡、巫峡、小三峡·小小三峡、巫山神女，湖北境内主要有西陵峡、三峡大坝、秭归屈原故里等。

## 情景设计

假如你是重庆××旅行社的一名导游，即将接待一个由重庆出发乘坐豪华游轮游览长江三峡的团队。根据公司提供的行程单，请做好讲解接待准备。

## 学习目标

1. 了解三峡游轮沿途的主要景点及常规线路；
2. 掌握长江三峡行程内重点景区的导游词编写技巧。

## 任务解析

1. 阅读长江三峡游的常规行程单，熟悉本次行程中涉及的景点；
2. 条件允许的情况下，到行程中的各个景点实地踩线；
3. 根据踩线结果或景点导览图，梳理行程中每个景点的讲解思路及要点；
4. 为行程中的每一个景点，编写一篇书面导游词；
5. 以写好的导游词为基础，进行模拟导游讲解。

说明：因长江三峡、涪陵白鹤梁、奉节白帝城均是重庆导游资格考试面试题目之一，已安排在模块一进行学习。故本模块主要学习其他热门景区的导游词编写及模拟讲解。

学习资料：

重庆××旅行社长江三峡游行程单：

| 日程 | 行程安排 | 景点特色 |
|---|---|---|
| D1 | 重庆朝天门码头登船：<br>21：00—21：30登船说明会；<br>21：00游船开航 | 第一天登船夜航，未安排景点 |
| D2 | 08：30下船游览【丰都鬼城】；<br>11：00回船续航；<br>12：00游船午餐；<br>16：00船上自由活动或下船游览【石宝寨】；<br>18：30—21：30停靠忠县码头，在船上自由活动或自愿报名参观【烽烟三国】；<br>21：30返船续航 | 丰都鬼城：国内最大的鬼神文化人文景观；<br>石宝寨："江上明珠""天下第一盆景""永不沉没的航母" |
| D3 | 09：00船上自由活动或上岸游览白帝城（【白帝城290/人】自理）；<br>11：30返船续航，游船午餐；<br>13：00游船经过瞿塘峡，感受"夔门天下雄"的磅礴气势；<br>14：00上岸游览【神女景区】；<br>18：30返船续航，船上观看西陵峡风光 | 白帝城：长江三峡的起点，诗城；<br>瞿塘峡：长江三峡的第一段峡谷，最为雄奇险峻的一段峡谷；<br>神女景区：奇山异水、梦幻少女 |
| D4 | 08：00上岸游览【三峡大坝】；<br>A线：换船过世界最大的"三峡垂直升船机"。（【升船机290/人】自理），过升船机后游览三峡大坝；<br>B线：乘车游屈原故里（【屈原故里220/人】自理），接着游览三峡大坝；<br>13：00游览完大坝后车送宜昌码头散团 | 三峡大坝：世界上最大的水利枢纽工程；<br>屈原故里：屈原文化、端午文化、峡江文化 |

注：为教学需要，本行程参照重庆市长江三峡游的常规线路安排进行简化设计。另外，结合专线导游的工作实际，特将湖北境内的部分景点也纳入学习范围。

# 任务一　忠县石宝寨导游词编写及模拟讲解

## 忠县石宝寨简介

石宝寨，是国家级文物保护单位、国家AAAA级旅游景区。石宝寨位于重庆忠县境内长江北岸边，故又被称为"江上明珠"。此处临江有一高十多丈，陡壁孤峰拔起的巨石，相传为女娲补天所遗的一尊五彩石，故称"石宝"。此石形如玉印，又名"玉印山"。明末谭宏起义，自称"武陵王"，据此为寨，"石宝寨"名由此而来。

### 教：景点特色分析

石宝寨是国家AAAA级旅游景区、全国重点文物保护单位、国家级风景名胜区，被誉为世界八大奇异建筑之一，获评新巴渝十二景、重庆市文明单位、重庆市文明旅游风景区、首届重庆最美历史文化古迹、第二届重庆文旅新地标、中国华侨国际文化交流基地，入选2021年"川渝十大人气景区"、重庆市首批历史名园。

### 学：搜集整理资料

网站：忠县人民政府网
视频：电视节目《走进忠州之石宝寨》
微信公众号：忠州石宝寨景区

### 做：编写导游词

子任务1：根据景区导览图，设计参观游览路线。
【参考路线】景区大门—悬索桥—围堰—塔楼—古炮台
子任务2：根据游览线路，编写讲解提纲。
【参考提纲】

| 序号 | 讲解要点 | 时间安排 | 字数（每分钟约200字） |
|------|----------|----------|------------------------|
| 1 | 景区概况 | 3分钟 | 600字 |
| 2 | 景区大门 | 3分钟 | 600字 |
| 3 | 悬索桥 | 4分钟 | 800字 |
| 4 | 石宝寨塔楼 | 4分钟 | 800字 |
| 合计 | | 14分钟 | 2800字 |

子任务3：根据讲解提纲，编写一份导游词，并提交至教学App。

✏ **评：点评提升**

**【例文呈现】**

朋友们，大家好！欢迎来到中国"忠文化"的发源地重庆忠县。我是您的导游，很高兴能为大家进行今天的解说服务，愿我的服务能够让您对石宝寨和我国的忠文化有更深刻的认识和了解。

朋友们，现在我们正位于石宝寨景区的大门处，要参观石宝寨，我先来给大家简单说说忠县和石宝寨。

忠县，位于重庆市东北、三峡库区腹心地带，距离重庆主城约200千米，面积2182.83平方千米。忠县县城依山傍水，独具岛城风貌，是三峡库区唯一留存的"半淹县城"。唐贞观八年，为褒扬巴国巴蔓子列首留城，严颜、甘宁忠勇，唐太宗李世民特赐名忠州，民国二年设忠县，这是中国历史上唯一一个以"忠"字命名的城市。

石宝寨位于忠县城东38千米处的长江北岸，地处三峡库区腹心地带，水陆交通便利。景区总占地面积约55000平方米，建筑面积约3500平方米。石宝寨是全国重点文物保护单位、全国AAAA级旅游景区、国家级风景名胜区，又被誉为世界八大奇异建筑之一。

各位请看，景区大门是一巨大的牌坊，由条石砌成，飞檐翘角，牌坊上面刻有"石宝寨"三个大字，该字由国家雕塑院院长吴为山先生亲笔题写。大门左右各有一只石狮，左雄右雌，这对石狮又名"风水狮"，寓含"招贤纳吉"之意。

朋友们，进入景区大门，现在我们看到的是石宝寨的悬索桥。这座桥是目前通往石宝寨的唯一陆路交通人行桥。悬索桥全长188米，宽3.5米，桥面以上悬索塔架高5米，塔架采用钢筋混凝土框架结构，桥身采用德国进口钢缆，桥面用木板铺设，两边为金属栏杆。桥面高178米，与石宝寨围堰顶部同高。桥头矗立着的石质牌坊上横书"江上明珠"四个大字是在1992年，由时任中央政治局委员、国务院副总理的田纪云同志视察石宝寨时欣然挥毫题写的。当年的石宝寨，孤峰拔地，屹立江畔，清人熊文稷诗称"荦确巨石临江起"，张问陶也诗称"孑孑石宝寨，屹立江水东"。寨楼和奎星阁独具匠心的艺术造型与其所依附的环境相得益彰，达到了天人合一的最高审美境界，令人流连忘返，叹为观止。今天的石宝寨，当三峡大坝蓄水水位达175米时，四面环水，碧波荡漾，远远望去，像一颗璀璨的明珠镶嵌在浩瀚大江之中，是名副其实的长江明珠。

站在桥头，隔着铁桥，我们远远可见的那块长约108米、宽约20米的巨石，因其孤峰拔地，四壁如削，形如玉印，故名玉印山。相传此山乃女娲炼石补天时遗留下来的一块五彩宝石，又称为"石宝"。《四川通志》记载，明末清初，农民起义军首领谭宏曾率军据此险要，安营扎寨，故名"石宝寨"。远远望去，石宝寨既像盆栽，又似游轮，因此石宝寨也被誉为"天下第一盆景""永不沉没的航母"！

朋友们，过了索桥，绕过堰坝，我们正上方就是石宝寨主体建筑——塔楼。石宝寨塔楼主体为红色的全木塔型楼阁，是我国现存体积最大、层数最多的穿斗式木结构建筑。塔楼构思奇妙，工艺独特，始建于清康熙年间（约公元1662年），距今已有300多年的历史。塔楼共12层，通高56米。相传乃当地的能工巧匠观察雄鹰展翅盘旋而上玉印山，得到灵感而构思设计的。塔楼分为上下两部分，下面九层上面三层。下九层隐含九重天之意。楼内设木梯，供游人攀登而上。清人侯若源《登石宝寨》诗曰："石级层层登绝顶，一层眺望一徘徊。"描绘了登临石宝寨旋转而上如飞鸟回旋徘徊的奇妙体验。

红色塔楼临岩筑基，依山取势。古人聪明地利用岩石的自然倾斜，打孔穿石立柱，木石相衔，飞檐翘角，层层收缩而上，通高56米，浑然一体，蔚为壮观。整个寨楼没有用一颗铁钉，楼体材质考究，选用生长多年、木质坚硬、防蛀耐蚀的马桑树作主要材料，至今完好无损。古人高超的建筑技艺完美地将川东民间建筑风格与古代宫廷建筑的神韵融为一体，留下了为世人赞叹的石宝寨。顶上三层为1956年修补建筑时所建，寓意"天外有天"。

朋友们，我的讲解到这里就先告一段落，接下来我们一起登楼，请大家注意脚下安全。

【点评提升】

本篇导游词的方位感较强，游览路线清晰，从景区入口讲解概况开始，逐步进入景区内部讲解核心景点。稍微欠缺的是没有介绍石宝寨如何破解因修建三峡大坝、长江水位上涨、面临淹没的难题，以及如何在原址原貌上进行保护等重点信息。

### 练：模拟讲解

观看示范讲解视频或聆听音频，学习忠县石宝寨的导游讲解。根据自己所编写的导游词，完成脱稿模拟讲解，视频作业提交到教学App。

# 任务二 巫山神女景区导游词编写及模拟讲解

## 巫山神女景区简介

神女景区，位于重庆市巫山县三峡院子西北侧，三峡巫峡内长江北岸。神女景区由"神女峰""神女溪""神女天路"3个景区组成，总面积76平方千米，其中核心景区面积5.26平方千米。景区有登龙峰、圣泉峰、朝云峰、神女峰、松峦峰、集仙峰、净坛峰、起云峰、上升峰、飞凤峰、翠屏峰、聚鹤峰12峰，山高谷深，峰奇石怪。2014年5月，巫山神女景区被评定为国家AAAA级旅游景区。2016年6月，神女景区被列入"新三峡十大旅游新景观"。

### 教：景点特色分析

神女景区核心景观有五绝：一是奇山异水。"放舟下巫峡，心在十二峰"。巫峡像长江上一条迂回曲折的画廊，是三峡最秀丽的峡谷。巫峡最负盛名的景观是巫山十二峰，险峻陡峭、风光绮丽。神女溪位于神女峰对岸，幽深曲折、别有洞天。二是梦幻神女。在十二峰中，神女峰最为有名，其宛若绰约多姿的少女，被誉为古老中国最多情的一块石头。三是巫山云雨。"曾经沧海难为水，除却巫山不是云"，在这里最能体验神秘梦幻的云雨奇观。四是巫山红叶。这里有集中连片红叶15万亩，20世纪80年代就在这拍摄了电影《等到满山红叶时》，"满山红叶似彩霞，彩霞年年映三峡"传唱至今，是几代人的深切记忆。五是高峡平湖。长江与大宁河形成了数十平方千米的高峡平湖景观，毛主席诗句中"截断巫山云雨，高峡出平湖"的构想变成了现实。

### 学：搜集整理资料

网站：巫山旅游网
视频：巫山宣传片
微信公众号：畅游巫山

### 做：编写导游词

子任务1：根据景区导览图，设计参观游览路线。
【参考路线】神女峰码头—神女峰—神女溪
子任务2：根据游览线路，编写讲解提纲。

【参考提纲】

| 序号 | 讲解要点 | 时间安排 | 字数（每分钟约200字） |
|---|---|---|---|
| 1 | 景区概况 | 3分钟 | 600字 |
| 2 | 神女峰 | 7分钟 | 1400字 |
| 3 | 神女溪 | 7分钟 | 1400字 |
| 4 | 结语 | 2分钟 | 400字 |
| 合计 | | 19分钟 | 3800字 |

子任务3：根据讲解提纲，编写一份导游词，并提交至教学App。

### 评：点评提升

【例文呈现】

欢迎各位到神女峰—神女溪参观游览，请允许我代表巫山神女景区对各位的光临表示热烈欢迎，我是大家今天的导游。祝各位的神女景区之行愉快、顺利！

今天我们的行程是先游览神女峰景区。神女峰景区需要登山，请大家缓步慢行，注意台阶。沿途设有多个休息平台，抽烟的朋友可以在平台处吸烟，因为森林防火，景区其他区域是禁止吸烟的。然后我们乘船横过长江，游览神女溪，全程大概需要4个小时。

巫山神女景区位于重庆市巫山县以东秀峰区和河梁区境内，地处著名的长江三峡巫峡核心景区内。景区总面积76平方千米，核心景区面积5.26平方千米。景区由神女峰、神女溪和神女天路组成，是饱览巫峡、观赏红叶、亲近神女的最佳景区。2014年被评定为国家AAAA级旅游景区，2015年神女溪景区入选长江三峡30个最佳旅游新景观之一，2016年与三峡大坝等景区共同被评为"新三峡十大旅游景区"之一。

各位朋友，我们现在就到了神女峰景区的大门。神女峰景区位于长江的北岸，是以神女峰为依托、以巫山神女文化为内涵的旅游胜地。神女峰是巫山十二峰之一，海拔高1112米，因有一根巨石突兀于青山云霞之中，宛如一位亭亭玉立的少女，故名神女峰。她屹立山巅，每天迎来朝霞、送走晚霞，又名望霞峰。古人有"峰峦上入霄汉，山脚直插江中，议者谓太华、衡、庐皆无此奇"之说。陆游《入蜀记》中称："十二峰者……惟神女峰最为纤丽奇峭，宜为仙真所托。"

进入景区大门可以看到两条梯道，梯道都在东北部的山脊上汇合。我们沿西侧梯道往上，首先看到的便是护神阁。护神阁因供奉着风、雨、雷、电四神而得名。护神阁的东侧，是巫山十二峰的展示图。图画运用了中国传统的剪纸图案，长10余米，高约2米，简洁地展现了巫山十二峰的形态。传说西王母的第二十三个女儿瑶姬携她的十一个姐妹下凡，帮助大禹治理了三峡的水患。但洪水退却之后三峡航道仍然非常险要，常有船只失事。瑶姬和她的姐妹们就留在巫峡内为航行的船只指明方向，久而久之化为巫山十二峰。瑶姬所化的山峰就是神女峰，神女峰上那块形似美丽少女的石头就是瑶姬。这个传说寄托了三峡人民征服险滩、战胜恶水的美好愿望。

上行数米，就到了第一个观景平台——感兴台。20世纪80年代初，一部讲述发生在三峡的异姓兄妹悲欢离合的电影《等到满山红叶时》风靡全国，电影插曲《满山红叶似彩霞》的词曲就镌刻在感兴台，"满山红叶似彩霞，彩霞年年遇三峡"的优美旋律传唱至今。

沿感兴台上行数十米，临江处的这个亭子叫"舒亭"，与中国当代女诗人舒婷的名字谐音。舒婷1981年6月游览了长江三峡，写下了著名的《神女峰》一诗。在诗中，当人们争相一睹神女面貌的时候，舒婷却为神女感到心酸和不忍，"与其在悬崖上展览千年，不如在爱人的肩头痛哭一晚"成了歌咏神女的经典诗句。

各位朋友，一路攀爬，我们现在就来到了神女的脚下。眼前的这块巨石就是神女石了，在远处眺望，这块石头酷似一位亭亭玉立的少女，这就是神女峰名字的由来，也是神女故事的灵感所在。神女石不是堆放在山巅的一块滚石，也不是飞来石，而是石灰岩溶蚀过程中残存的石柱。这是岩溶地貌中常见的景观。神女石高6.4米，站在山巅与河对岸的青石隔江相望。唐代刘禹锡写下了"巫山十二郁苍苍，片石亭亭号女郎"的句子，描绘了神女婀娜的姿态。

朋友们，游览了神女峰，我们现在下山乘船横过长江，到神女溪景区参观。游览神女溪区将换乘仿古船，请大家注意上下船安全，行船过程中请穿好救生衣。

神女溪是长江南岸的一条支流，因靠近神女峰而得名。神女溪发源于巫山县官渡镇雷坪村龙洞处，全长30千米。上游名为官渡河，中段名紫阳河，下游为神女溪，在青石镇汇入长江。河流上段地势开阔，水流平缓，下游15千米是峡谷地段，河道狭窄，山高谷深，就是我们今天要游览的神女溪。神女溪水面湍急、溪浅道窄，其中有10千米为原始山谷，人迹罕至。三峡工程蓄水后，溪面变宽，优美的风景展现在人们面前，成为三峡游的新亮点。神女溪是一处典型的喀斯特地貌景观，山陡谷深，时见暗河溶洞。

远处的山峦称为"倒睡美人峰"。连绵起伏的山峦，好像一位少女仰望着天空。在睡美人头部下方，可以看见"巫山"二字，还有一个像"云"字的印章。传说巫咸是唐尧时的神医，精通针砭之术，"生为上公，死为贵神，埋葬于此，因此为名"，故这里称为巫山。而这个印章就是尧帝赐地给巫咸的时候盖的印章。

各位朋友，今天我有幸陪伴大家游览了神女景区，欣赏了神女峰的秀丽风光，重温了神女的传奇故事，又在清幽秀美的神女溪中获得了一份身心的安宁。离别之际，请允许我对大家表示衷心的感谢，希望神女景区之行给大家留下美好的回忆，并欢迎大家有机会再次光临神女景区，光临巫山。最后祝大家旅途愉快，身体健康！谢谢大家！

**【点评提升】**

由于神女景区的面积较大，游览线路长、时间长，涉及的景点也比较多，导游讲解基本是按照景点顺序依次罗列介绍。因此，本篇导游词的内容多、信息量大，但是很难把握重点，整篇导游词的主题不明确，缺乏一条主线将所讲解的内容串联起来。

### 练：模拟讲解

观看示范讲解视频或聆听音频，学习巫山旅游网以及畅游巫山微信公众号的官方导游讲解。根据自己所编写的导游词，完成脱稿模拟讲解，视频作业提交到教学App。

# 任务三　三峡大坝导游词编写及模拟讲解

## 三峡大坝简介

　　三峡大坝，位于湖北省宜昌市夷陵区三斗坪镇三峡坝区三峡大坝旅游区内，地处长江干流西陵峡河段，三峡水库东端，控制流域面积约100万平方千米，始建于1994年，集防洪、发电、航运、水资源利用等为一体，是三峡水电站的主体工程、三峡大坝旅游区的核心景观、当今世界上最大的水利枢纽建筑之一。三峡大坝旅游区占12.8平方千米，目前对游客开放的有三个观景点：坛子岭、185平台、截流纪念园。

✎ **教：景点特色分析**

　　三峡大坝旅游区以世界上最大的水利枢纽工程——三峡工程为依托，全方位展示工程文化和水利文化，为游客提供游览、科教、休闲、娱乐为一体的多功能服务，将现代工程、自然风光和人文景观有机结合，是集"中国水利智慧，世界山水经典"于一身的国家首批AAAAA级旅游景区、全国文明单位、全国爱国主义教育示范基地、全国研学旅行示范基地、全国红色旅游经典景区、首批中国十大科技旅游基地。

✎ **学：搜集整理资料**

　　网站：宜昌三峡旅游度假区官网
　　视频：央视纪录片《大三峡》
　　微信公众号：三峡大坝旅游

✎ **做：编写导游词**

　　子任务1：根据景区导览图，设计参观游览路线。
　　【参考路线】三斗坪码头—坛子岭—185平台—三峡截流纪念园
　　子任务2：根据游览线路，编写讲解提纲。
　　【参考提纲】

| 序号 | 讲解要点 | 时间安排 | 字数（每分钟约200字） |
| --- | --- | --- | --- |
| 1 | 三峡大坝修建背景 | 3分钟 | 600字 |
| 2 | 三峡大坝功能 | 5分钟 | 1000字 |
| 3 | 三峡大坝旅游区概况 | 2分钟 | 400字 |
| 4 | 坛子岭 | 4分钟 | 800字 |
| 5 | 185平台 | 4分钟 | 800字 |

续表

| 序号 | 讲解要点 | 时间安排 | 字数（每分钟约200字） |
|------|----------|----------|------------------------|
| 6 | 三峡截流纪念园 | 4分钟 | 800字 |
| 合计 | | 22分钟 | 4400字 |

子任务3：根据讲解提纲，编写一份导游词，并提交至教学App。

### 评：点评提升

**【例文呈现】**

各位朋友，我们即将上岸参观举世闻名的长江三峡水利枢纽工程，也就是我们通常所说的"三峡大坝"。三峡大坝位于长江三峡西陵峡中段，湖北省宜昌市境内的三斗坪。

古往今来，地球上发生频率最高、危害最大的自然灾害莫过于洪水。人类与洪水抗争的历史久远，并在抗争中催生了人类的早期文明。华夏民族尤重治水，且在治水中表现了无与伦比的胆量和智慧。治水者名垂千古，水利工程福泽万代，古代大禹和李冰父子及古都江堰工程就是很好的例证。

长江是世界第三长河，源于世界屋脊，上经"天府之国"，中贯"鱼米之乡"，下串"人间天堂"，给两岸以灌溉之利和舟楫之便。然而，它一旦暴怒，便为浩劫，沃野成为泽国，民众或为鱼鳖，是中华民族一大心腹之患。尤其在险段荆江，每至汛期，千余万人头枕悬河，夜不成寐。因此，解决长江中下游地区，尤其是荆江河段的防洪问题是兴建三峡工程的首要出发点。

1992年4月3日，全国人民代表大会第七届五次会议通过了《关于兴建长江三峡工程的决议》，1994年12月14日，时任国务院总理李鹏向全世界正式宣布三峡工程开工。

三峡大坝为钢筋混凝土重力坝，全长2335米，坝顶高185米，正常蓄水位175米，总库容393亿立方米，防洪库容221.5亿立方米，相当于4个分洪区的库容。电站装机26台，单机热量70万千瓦，总容量1820万千瓦，年均发电量847亿千瓦时。电厂一年上交的税收能够建一座葛洲坝枢纽工程。大坝通航建筑物年单向一级垂直升船机可快速通过3000吨级客货轮。

三峡大坝建成后构成的三峡水库将淹没陆地面积632平方千米，范围涉及湖北的4个县，重庆市的16个区县。须迁移的总人口将达113.18万人，称为"百万大移民"，任务十分繁重。长江三峡工程采用"一级开发、一次建成、分期蓄水、连续移民"的方案。主体工程总工期17年，分3个阶段进行，一期工程5年，二期工程和三期工程均为6年。1997年实现大江截流，2003年启用永久通航建筑物和首批机组发电，2009年工程竣工。

那么，兴建长江三峡工程究竟有哪些好处呢？概括起来有以下几个方面：

第一，防洪。防洪是兴建三峡工程的首要出发点。三峡工程正常蓄水位175米，有防洪库容221.5亿立方米，防洪效果十分显著，可使荆江河段防洪标准从十年一遇提高到百年一遇；若配合运用荆江分洪工程和其他分、蓄洪区，可将防洪标准提高到千年一遇，可有效保护荆江两岸江汉平原和洞庭湖区1500万人民的生命财产安全和2300万亩良田免遭洪水灾害。此外还可避免大堤、垸堤溃决而造成的超多人口伤亡；避免洪水对武汉市的严重威胁，避免京广、汉丹等铁路干县中断或不能正常运行；避免洪灾带来的饥荒、救灾、灾区群众安置等一系列社会问题，这些效益是很难用经济指标来具体表示的。

第二，发电。三峡水电站的总装机容量2250万千瓦，是当今世界上装机总容量最大的水电站，多年平均发电量882亿千瓦时，年最大发电量可超过1000亿千瓦时。三峡水电站发出的强大电力通过输变电网络可送往华中、华东、南方和川渝电网，直接受益的地区有华东、华中、华南和川渝地区，惠及半个中国。三峡水电站和三峡输变电工程的建成和运行，对实现"西电东送、南北互供、全国联网"的国家能源战略目标具有重大意义，奠定了我国以三峡电力系统为中心的全国联网格局。

第三，航运。三峡水库改善宜昌至重庆660千米的长江河道通航条件，使其成为名副其实的"黄金水道"。三峡船闸设计通过能力为年单向5000万吨，垂直升船机每次可通过一艘3000吨级船舶。三峡水库蓄水后，万吨级船队可从上海直达重庆，船舶的综合运输成本可降低35%~37%。而且经水库调节，宜昌下游枯水季节最小流量可达5000立方米每秒以上，航道水深平均约增加0.5米，使长江中下游枯水季节的航运条件也得到较大的改善。

除此之外，三峡工程还有抗旱、供水与补水、节能减排、生态环保、渔业、旅游水资源配置等综合功能和社会效益。

如今的三峡大坝已经是国家首批AAAAA旅游区，全国首批工业旅游示范点，它占地面积5.28平方千米，由坛子岭观景区、185平台观景区、坝顶观景区、近坝观景区、截流纪念园组成。登上坛子岭景区，咱们能俯瞰三峡大坝的全貌，体会"截断巫山云雨，高峡出平湖"的豪迈情怀；站在185平台远眺，咱们可感受大坝的雄姿与豪迈；走进近坝观景点，咱们能零距离接触雄伟壮丽的大坝；来到截流纪念园，咱们可以感受盛世峡江的伟大力量。现在咱们准备走进三峡大坝，感受宏伟工程的气魄和震撼吧！

【点评提升】

该篇导游词设定的情境为前往三峡大坝旅游区的旅游车上，较为全面详细地介绍了三峡大坝修建的背景以及建成后的功能，整篇内容丰富、信息量大。主要存在的问题是导游词偏向书面化，沟通性和交流感不强，且对实际所见的景区介绍较少。

练：模拟讲解

观看示范讲解视频或聆听音频，学习小鹭旅行的导游讲解。根据自己所编写的导游词，完成脱稿模拟讲解，视频作业提交到教学App。

# 任务四　屈原故里导游词编写及模拟讲解

## 屈原故里简介

　　屈原故里文化旅游区位于秭归县凤凰山，与三峡大坝隔江相望，直线距离600米，2014年被评为国家AAAAA级旅游区。屈原故里景区是以集中搬迁复建的24处地面文物为依托而建成的文化型景区，主要由世界规模最大的屈原纪念性建筑屈原祠、以清代的峡江古民居为特色的青滩仁村、三峡大坝高峡平湖观景平台等核心景观组成。

### 教：景点特色分析

　　屈原故里文化旅游区也是世界非物质文化遗产屈原故里端午习俗的活态传承与保护基地，以屈原文化、端午文化、峡江文化为特色的各类文化活动丰富多彩。景区是国家重点文物保护单位、海峡两岸交流基地、港澳青少年游学基地、全国中小学生研学实践教育基地、青少年爱国主义教育基地、廉政文化教育基地。

### 学：搜集整理资料

网站：VR全景游
视频：屈原故里宣传片
微信公众号：九畹溪——屈原故里

### 做：编写导游词

子任务1：根据景区导览图，设计参观游览路线。
【参考路线】雏凤广场—博物馆—屈原广场—屈原祠—端午习俗馆
子任务2：根据游览线路，编写讲解提纲。
【参考提纲】

| 序号 | 讲解要点 | 时间安排 | 字数（每分钟约200字） |
|:---:|:---:|:---:|:---:|
| 1 | 历史文化背景 | 4分钟 | 800字 |
| 2 | 景区概况 | 3分钟 | 600字 |
| 3 | 屈原祠 | 6分钟 | 1200字 |
| 4 | 屈原故里牌坊等文物 | 7分钟 | 1400字 |
| 合计 | | 20分钟 | 4000字 |

子任务3：根据讲解提纲，编写一份导游词，并提交至教学App。

## ✎ 评：点评提升

**【例文呈现】**

亲爱的朋友们，现在我们到了位于长江三峡之西陵峡畔的秭归，接下来的行程是参观游览屈原故里文化旅游区，我先简单为大家介绍一下。

秭归历史上有归乡、归州之称，其中归州沿用时间最久。它是战国时期爱国主义诗人、楚国三闾大夫屈原的家乡，归州改为秭归也与其有关，《水经注》记载：屈原有贤姊，闻原放逐，亦来归，因名曰姊归。三峡工程决定修建后，这里又兴起告别三峡旅游热，位于西陵峡畔的秭归也因此再次扬名海内外，盛久不衰。

三峡工程于1994年开始兴建，今天三峡水位抬高至175米，在改善了航运、发展了水电的同时，也面临原峡江古迹文物被水淹没的问题。为保护这些文物，国家文物局组织多方文物保护机构和专家进驻工地，开展了对峡江文物的保护、搬迁和复建工作。其中，大量的文物古迹搬迁和复建都放在了秭归新县城凤凰山，即现在的屈原故里。

秭归，作为屈原的诞生地，其实也存在少量争议，但自东晋、北魏以来，历代史学家、文学家以及近代屈学家都以各种形式对秭归作为屈原故里这一说法进行了明确肯定。尽管如此，还是有极少量声音对此提出质疑，但这并不影响世人对秭归的认可与支持，秭归也以大包容心态对待这些杂音，这也正是优秀的中华传统文化在秭归深深植根的结果。那么，就让我们也以这种平和的心态，沿着屈原故里观光路来感受这里的屈原文化和峡江文化吧。

朋友们，现在我们已经到了屈原故里，它位于秭归新城凤凰山上，与三峡大坝隔江而望，直线距离600米，是观赏这座伟大工程距离最短、视角最全面的地方。为了弘扬屈原文化，增加秭归文化底蕴，这里不仅收集发展了大端午、薅草锣鼓等反映巴楚风韵的各类地方民俗，还集中了从三峡库区中抢救搬迁过来的以屈原祠、江渎庙、青滩古民居群等为代表的原峡江文化古迹，被国务院认定为"第六批全国重点文物保护单位"。

大家请随我走进文化旅游区，我们首先参观的是屈原祠。屈原祠是秭归文物古迹中的重中之重，为保护这座堪称屈原文化的精神所在，历史上有三次建迁过程。它首建于唐代，原址位于秭归归州城东的"屈原沱"，宋元丰三年更名为"清烈公祠"；1976年建葛洲坝时迁到归州，正式改名为"屈原祠"；1994三峡大坝开建后，又在现凤凰山上按照原建筑格局进行了改扩建，新建的屈原祠面江而立，雄伟壮观，党和国家领导人曾多次亲临这里指导视察。

新屈原祠分为山门、东西碑廊、屈原文化馆、屈原衣冠冢等几个部分，最引人注目的是通高20米、歇山重檐、三面牌楼、六柱五间的大山门，色彩鲜艳，雄伟壮观。大家看，牌坊正中上方是诗人郭老手书的"屈原祠"三个大字，左右和下方的"孤忠""流芳""光争日月"几个字也是光彩夺目，光这山门，就能给我们带来极大的文化触动。

屈原祠内，东西碑廊的青石碑上，镌刻的是反映诗人屈原强烈爱国情怀的《离骚》《九歌》《九章》《天问》等22篇宏伟巨著，还有历代著名文人颂赞屈原的诗作名篇。原来矗立在院内的屈原铜像虽现已移至正殿内，仍不失原有的清风两袖、孤忠流芳的悲愤爱国情怀。

朋友们，参观完屈原祠，我们来到了屈原故里牌坊。这座牌坊原存于老县城归州迎和门外，是秭归老城的地标建筑，也是湖北省少有的木结构牌坊。它的历史非常悠久，建于清朝光绪年间。牌坊为重檐木结构建筑，四柱三间三楼，琉璃瓦盖顶，在封建礼制非常严格的时代，这种重檐带琉璃顶的建筑非一般人可以享受，可见当时对屈原的尊崇程度。原牌坊位置海拔116米，三峡库区水位上涨以后，由文物保护专家将其整体编号搬迁到了现在的位置。

其实屈原故里不仅仅有这些从三峡库区抢救回来的文物古迹，还有很多带有屈原和巴楚特色的非遗文化在这里的各个角落向游客展示着。《礼魂》《民间记忆》《县太爷断案》《大端午》四出文化大戏就是其中的优秀代表，每天都会在景区里轮流上演，让观众对屈原文化和巴楚遗韵有更深入地了解。

还有那些新搬迁到屈原故里的青滩古民居，现在也成了非遗文化的展示舞台之一。湖北省非遗传承人、一人能同时操作15种乐器演奏的老艺人王正双和他的家人们，每天都会在这里为游客奉献几场薅草锣鼓、民间打击乐的精彩绝活表演，还有即将失传的巫术表演等，让大家大开眼界，不得不真心佩服高手在民间。

好了，朋友们，剩下的时间就请大家在景区自由参观游览，去寻找景区为大家准备的具有巴风楚韵的文艺、戏曲、表演和美食，感受具有三峡地方特色的历史文物、宗教文化、民居文化。

【点评提升】

本篇导游词的情境为三峡游船靠岸后，游客乘车前往屈原故里文化旅游区参观游览。导游在沿途为游客介绍景区历史文化背景，以及到达目的地后讲解景区中的核心景点。导游词的逻辑结构比较清晰，但是内容稍显单薄，对于某些重要景观可以进一步讲解，以提升游客的文化体验。

✎  练：模拟讲解

观看示范讲解视频或聆听音频，学习微信公众号的导游讲解。根据自己所编写的导游词，完成脱稿模拟讲解，视频作业提交到教学 App。

# 生态民俗主题专线导游词编写及模拟讲解

## 情景导入

### 生态民俗游行程解析

渝东南是重庆独具自然奇观和少数民族风情的区域，范围包括武隆区、石柱、彭水、黔江区、西阳、秀山两区四县。主要景点有武隆天生三桥、仙女山、芙蓉洞，石柱黄水国家森林公园，彭水蚩尤九黎城，黔江城市大峡谷、濯水景区，西阳桃花源、秀山洪安边城等。这一带自然环境优越，地质奇观遍布，土家族、苗族风情浓郁，民俗多样，是近几年蓬勃发展的生态民俗旅游带。

## 情景设计

假如你是重庆××旅行社的一名导游，即将接待一个渝东南生态民俗游的团队。根据公司提供的行程单，请做好讲解接待准备。

## 学习目标

1. 了解渝东南生态民俗游的主要景点及常规线路；
2. 掌握行程内主要景区的导游词编写技巧。

## 任务解析

1. 阅读渝东南生态民俗游的常规行程单，熟悉本次行程中涉及的景点；
2. 条件允许的情况下，到行程中的各个景点实地踩线；
3. 根据踩线结果或景点导览图，梳理行程中每个景点的讲解思路及要点；
4. 为行程中的每一个景点，编写一篇书面导游词；
5. 以写好的导游词为基础，进行模拟导游讲解。

说明：因武隆天生三桥、西阳桃花源、彭水阿依河是重庆导游资格考试面试题目之一，已安排在模块一进行学习。故本模块主要学习行程内其他景区的导游词编写及模拟讲解。

**学习资料：**

重庆××旅行社渝东南生态民俗游行程单：

| 日程 | 时间 | 行程安排 | 景点特色 |
|---|---|---|---|
| D1 | 08：30—12：30 | 从主城出发，乘车前往武隆，途径乌江赤壁观景台打卡拍照 | 乌江赤壁观景台设在G319路边，可观赏清透如碧的乌江景色并打卡拍照 |
| | 12：30—13：30 | 特色午餐碗碗羊肉 | 碗碗羊肉是重庆武隆一道非遗、老字号地标名菜，发源于羊角镇，因将羊肉分成一碗一碗的小份进行售卖而得名 |
| | 13：30—15：30 | 参观游览武隆天生三桥 | 武隆天生三桥是世界自然遗产武隆喀斯特的重要组成部分，也是电影《满城尽带黄金甲》《变形金刚4》的外景拍摄地 |
| | 15：30—18：00 | 参观游览武隆仙女山并入住酒店 | 仙女山景区拥有森林33万亩，天然草原10万亩，被誉为"东方瑞士""南国牧原" |
| | 18：00—19：30 | 晚餐后稍事休息 | |
| | 20：00—10：00 | 观看《印象武隆》演出 | 《印象武隆》是由王潮歌、樊跃和张艺谋等领衔打造的大型实景山水歌会，于2012年4月23日公演至今，备受好评 |
| D2 | 8：30—10：30 | 早餐后乘车前往彭水 | |
| | 10：30—12：00 | 参观游览彭水蚩尤九黎城 | 景区以苗族始祖蚩尤文化为主线，由40余处单体景观建筑构成，是中国最大的苗族传统建筑群 |
| | 12：00—13：00 | 特色午餐长桌宴 | 长桌宴是苗族宴席的最高形式与隆重礼仪，已有几千年的历史。通常用于接亲嫁女、满月酒以及村寨联谊宴饮活动 |
| | 13：00—16：30 | 体验彭水阿依河漂流 | 阿依河漂流河段全长近14千米，其中落差最大的滩高河段坡陡、水急，浪花飞溅，是重庆最为刺激的漂流地之一 |
| | 16：30—18：00 | 乘车前往濯水景区并入住酒店 | |
| | 18：30—20：30 | 晚餐后自行游览古镇夜景 | |
| D3 | 8：30—9：30 | 参观游览黔江濯水景区 | 濯水景区由濯水古镇、阿蓬江湿地公园、蒲花农业园和蒲花暗河四部分组成，其中古镇的风雨廊桥最具特色，被誉为亚洲第一风雨廊桥 |
| | 9：30—10：30 | 乘车前往酉阳桃花源 | |
| | 10：30—12：30 | 参观游览酉阳桃花源景区 | 酉阳桃花源集岩溶地质奇观、秦晋农耕文化、土家民俗文化、自然生态文化于一体，是现代人们远离尘世喧嚣、步入魏晋田园的理想旅游目的地 |
| | 12：30—13：30 | 午餐 | |
| | 13：30—15：00 | 参观游览叠石花谷景区 | 叠石花谷景区集叠石艺术与傩文化展示于一体，极具有艺术气息。 |
| | 15：00—20：00 | 乘车返回重庆 | |

注：为教学需要，本行程参照渝东南生态民俗游的常规线路安排进行设计。行程中的武隆天生三桥、彭水九黎城、酉阳桃花源在模块一已有学习，本模块不作重复。

# 任务一 仙女山景区导游词编写及模拟讲解

## 仙女山景区简介

仙女山景区位于重庆市武隆区境内的乌江北岸，地属武陵山脉，距重庆主城2.5小时车程，平均海拔1850米，最高峰2033米，因其山有一峰酷似翩跹起舞的仙女而得名。它与千里乌江画廊、神奇的芙蓉洞、秀美的芙蓉江、世界最大的天生桥群地质奇观组合成为重庆最佳旅游观光度假胜地，是国家AAAAA级旅游景区，全国"最具影响力森林公园"之一。

### 教：景点特色分析

仙女山景区拥有森林33万亩，天然草原10万亩，年均气温11.2℃，夏季平均气温24℃。景区以其独具特色的地质地貌、南国魅力的林海雪原、青幽秀美的丛林碧野景致、西欧风情的高山草原、引人入胜的天象景观、美丽动人的仙女传说吸引广大游客，被誉为"东方瑞士""南国牧原""天然氧吧"和"山城夏宫"。因此，导游在讲解时应重点围绕仙女山的代表性景观，即：林海、奇峰、草场、雪原等，凸显出雄、峻、秀、奇、阔的地质地貌特色。由于仙女山地处武陵山区，拥有刻着厚重历史印迹的历史文化和独具少数民族风情的土家族、苗族民风民俗等，因此在讲解自然风光时需要兼顾人文风情。

### 学：搜集整理资料

网站：百度百科仙女山

微信公众号：武隆仙女山旅游

### 做：编写导游词

子任务1：根据景区导览图，设计参观游览路线。

【参考路线】仙女山观光火车站—大草原—跑马场—菩萨坨—仙女池—通天塔

子任务2：根据游览线路，编写讲解提纲。

【参考提纲】

| 序号 | 讲解要点 | 时间安排 | 字数（每分钟约200字） |
|---|---|---|---|
| 1 | 景区概况/仙女山观光火车站 | 4分钟 | 800字 |
| 2 | 大草原 | 4分钟 | 800字 |
| 3 | 跑马场 | 3分钟 | 600字 |
| 4 | 菩萨坨 | 2分钟 | 400字 |

续表

| 序号 | 讲解要点 | 时间安排 | 字数（每分钟约200字） |
|---|---|---|---|
| 5 | 仙女池 | 2分钟 | 400字 |
| 6 | 通天塔 | 4分钟 | 800字 |
| 合计 | | 19分钟 | 3800字 |

子任务3：根据讲解提纲，编写一份导游词，并提交至教学App。

### ✐ 评：点评提升

【例文呈现】

游客朋友们，我们现在来到的便是被誉为"南国第一牧场"的仙女山大草原了。

眼前的高山草原平缓起伏，镶嵌在山林之间，延绵天际，给人以阴柔与阳刚相济的和谐之美，别有一番韵味。在我国北方受降雨量的限制，高大的乔木不宜生长，只有灌木或者草本植物受到的影响较小，因此草原得以广泛地分布，平坦辽阔。

武隆仙女山地处亚热带湿润季风气候区，雨量充沛，为何却也在群山之间发育出了一片面积达10万亩的高山草原呢？这得益于仙女山独特的地质条件。仙女山地处武陵山系，山体由近似水平的石灰岩组成，是重庆喀斯特地貌发育最为良好的地区。在流水侵蚀和地质构造的作用下，仙女山山体沿着岩层的走向形成了岩溶槽谷和狭长的盆地，也就是我们现在所在的大规模平坦地带。但由于身处溶岩地区，这片区域的土层非常浅薄，只能生长出薄薄的一层天然草坪和一些低矮的灌木，才让我们能有幸看到渝东南地区最大的高山草原。

大家看，在草原的核心区域有一条起伏的草原公路伸向远方，那就是仙女山有名的网红公路。这条仙女山大草原生态路始建于2009年，全长4.5千米，有"中国最美观光公路"之称，可以和美国66号公路相媲美。2017年，法拉利跑车系列诞生70周年，法拉利公司在全球60个国家和地区举行了一系列盛大的庆典活动，而在重庆站活动的终点就设在这条美丽的草原公路上。这条高低起伏的公路穿行在公园内的草原和森林中，本身的高颜值再加上缭绕的雾气、翠绿的森林和偶尔点缀的牛羊，实在是难得的大片。

大家都知道重庆夏季炎热有"火炉"之称，而冬季平均气温9~13℃很少见到下雪。仙女山大草原平均海拔1900米，夏有凉风冬有雪，因此也成为重庆本地人最喜爱的度假胜地。这里的夏季林海草场，清风吹拂，凉爽宜人，平均气温比重庆主城区低15℃，享有"山城夏宫"的美誉，而这里的冬季白雪皑皑，银装素裹，雾凇、冰瀑令人心潮涌动，更是重庆周边观赏雪景、开展雪上运动的绝佳旅游胜地。

仙女山有着目前中国纬度最低，规模最大的高山滑雪场，该滑雪场投资3000万元修建，总面积12万平方米，包括占地3000平方米的现代化设施的接待大厅和1万平米的大型停车场。它拥有四条滑雪道，并且都分别配置了牵引索道，游客可根据自己滑雪水平和爱好选择初级滑雪道、中级滑雪道。整个滑雪场可同时容纳近1500人滑雪和玩雪。

好了，各位朋友，接下来大家就到仙女山草原上尽情休闲娱乐吧。

【点评提升】

本篇导游词以仙女山大草原为中心，从游客目之所及的景色讲到南北方草原的差异及其成因，加深了游客对南国牧场的了解。进一步，通过视觉延伸和情绪迁移让游客对仙女山的特色有了全方位的了解。建议适当增加视野范围内有关动植物的特色景观介绍，更加立体地展示仙女山的美景。

 练：模拟讲解

观看示范讲解视频或聆听音频，学习仙女山的导游讲解。根据自己所编写的导游词，完成脱稿模拟讲解，视频作业提交到教学 App。

# 任务二 "印象武隆"导游词编写及模拟讲解

## "印象武隆"简介

"印象武隆"是武隆区政府与著名导演张艺谋、王潮歌、樊跃领衔的北京印象创新艺术发展有限公司共同打造的大型山水实景演出。剧场位于重庆市武隆区桃园大峡谷,距仙女山镇约9千米。该演出由开场歌舞、父亲的船、抬石号子、火锅摇滚、太阳出来喜洋洋、纤夫的故事、哭嫁、川江号子、尾声共9个部分构成,充分展示了武隆喀斯特世界自然遗产资源和巴渝地方特色文化。

### 教:景点特色分析

"印象武隆"以国家级非物质文化遗产——"川江号子"为主题,囊括武隆巴人遗风、山水遗情、历史演进的独特文化资源,将"号子""哭嫁"等传承千年却即将消失的民俗形式以及"棒棒""滑竿""麻辣火锅"等最具重庆特色的人文元素相融合,结合重庆武隆喀斯特世界自然遗产资源和地方特色文化,以真山、真水为舞台背景,以当地老百姓生产生活、民风民俗、历史人文和美丽传说为素材,通过70分钟实景歌会的方式再现巴渝地区独特的"号子"文化。因此,导游讲解除了讲解剧场的规模、布局、景观特色等内容外,还需要重点介绍"川江号子"等巴渝特色文化。

### 学:搜集整理资料

网站:印象武隆的详细介绍(Maigoo网)
微信公众号:印象武隆

### 做:编写导游词

子任务1:根据景区导览图,设计参观游览路线。
【参考路线】桃园大峡谷—时光隧道—舞台现场—节目介绍
子任务2:根据游览线路,编写讲解提纲。
【参考提纲】

| 序号 | 讲解要点 | 时间安排 | 字数(每分钟约200字) |
| --- | --- | --- | --- |
| 1 | 景区概况 | 4分钟 | 800字 |
| 2 | 桃园大峡谷 | 2分钟 | 400字 |
| 3 | 时光隧道 | 3分钟 | 600字 |
| 4 | 舞台现场 | 2分钟 | 400字 |

续表

| 序号 | 讲解要点 | 时间安排 | 字数（每分钟约200字） |
|---|---|---|---|
| 5 | 节目介绍 | 5分钟 | 1000字 |
| 合计 | | 16分钟 | 3200 |

子任务3：根据讲解提纲，编写一份导游词，并提交至教学App。

### 评：点评提升

【例文呈现】

#### 印象武隆·川江号子

游客朋友们，接下来我们即将欣赏印象武隆大型实景歌会。在此之前，我先给大家重点介绍一下川江号子。

川江号子是极具巴渝地方特色的劳动景象，也是印象武隆实景演出的核心内容。川渝境内，山峦重叠，江河纵横，自古便有"白浪横江起，槎牙似雪城""扁舟转山曲，未至已先惊"等诗句描述长江三峡的美丽雄奇。

曾经川江航道货物流通、客运往来，都需木船载客运货，于是柏木帆船成为早年主要的交通工具。每当逆水行船或是遇到激流险滩时，艄翁会击鼓为号统一节奏、指挥船行。"号子"和头纤看水路，会喊"过险滩了喂！号子嘛吼起来哦，哟喂！"拉船的船夫们丝毫不能懈怠，跟着号子的吼声，一起和唱，并踩着号子的节奏使劲拉纤。

日复一日，年复一年，川江纤夫"脚蹬石头手扒沙，风里雨里走天涯"。先辈们在汹涌的江水中闯出了一条活路，也开辟了一条崭新的艺术之路。大约在清朝中期，川江号子逐渐凝练成型，成为中国水系音乐的重要组成部分，被称为"长江文化活化石"，也成为今天我们印象武隆大型实景剧的灵感来源。

导演王潮歌在发表讲话时指出，从武隆邀约到"印象武隆"这部作品的诞生，历时八年。之所以将"川江号子"作为演出的主体，是因为"川江号子"承载了巴渝地区正在消失的历史记忆。

川江号子在印象武隆的演出中安排得十分巧妙。剧情在第九代老船夫和儿子娓娓道来地述说中展开。父亲的故事以川江号子为主线，一段一段承接着每个场景。原来，后人眼中的美好，竟是父辈们所经历的苦难，这部剧，既道出了先辈们悲怆的命运，也体现了他们面对苦难的顽强和豁达。

当然有游客朋友会提出疑问，为什么舞台上纤夫们都穿着裸色的演出服，看上去接近于赤身裸体，这是为了艺术效果还是确实如此呢？在拉纤时，纤夫们随时会面对激流险滩，身上任何一点挂碍都会要了他们的命，所以很多纤夫选择少穿甚至不穿衣服。

关于川江号子我就先介绍到这里，接下来请大家进入演出现场亲身感受一下吧。

【点评提升】

在游客观赏印象武隆演出前，导游先阐述了川江号子的历史背景，再分析印象武隆在此基础上的艺术创作，有助于游客朋友更好地理解川渝民风。讲解时注意点到为止，不可过多剧透。

### 练：模拟讲解

欣赏一段印象武隆的现场演出视频，在观看示范讲解视频的基础上，学习印象武隆的导游讲解。根据自己所编写的导游词，完成脱稿模拟讲解，视频作业提交到教学 App。

# 任务三　蚩尤九黎城导游词编写及模拟讲解

## 蚩尤九黎城简介

　　蚩尤九黎城位于彭水苗族土家族自治县绍庆街道与靛水街道结合部的亭子坝，并于2016年6月成功申报成为国家AAAA级旅游景区。景区的旅游核心区包括九道门、九黎宫、九黎部落、北斗七星神鼓亭、苗王府、蚩尤大殿、禹王宫、三苗长廊、九黎神柱等。九黎城是展示和传承蚩尤文化与苗族文化的窗口和基地。

✎　**教：景点特色分析**

　　蚩尤九黎城是基于蚩尤文化和苗族文化而打造的一处景区，是中国最大的苗族传统建筑群和全国三大祭祖地之一。九黎在远古时代是一个部落联盟，而蚩尤是他们的大酋长，是苗族的大祖神，具有非常崇高的地位。九黎城就是在这一文化的基础上建设的苗族文化的最大展示地，并创下了多个世界之最。每年四月初八蚩尤九黎城都将举办世界最大的蚩尤祭祀仪式，吸引着全国各地的蚩尤后裔前来参与，共同祭祀他们的祖先蚩尤。节日期间蚩尤九黎城将举办各种苗族非物质文化表演、苗族特色美食品尝等活动。导游讲解时可以充分挖掘苗族的民俗文化风情并结合蚩尤九黎城的景点和活动一并讲解。

✎　**学：搜集整理资料**

　　网站：九黎城官网
　　网站：蚩尤九黎城全景地图

✎　**做：编写导游词**

　　子任务1：根据景区导览图，设计参观游览路线。
　　【参考路线】九道门—蚩尤大殿—九黎宫—三苗长廊—苗戏楼
　　子任务2：根据游览线路，编写讲解提纲。
　　【参考提纲】

| 序号 | 讲解要点 | 时间安排 | 字数（每分钟约200字） |
|:---:|:---:|:---:|:---:|
| 1 | 景区概况/九道门 | 4分钟 | 800字 |
| 2 | 蚩尤大殿 | 4分钟 | 800字 |
| 3 | 九黎宫 | 5分钟 | 1000字 |
| 4 | 三苗长廊 | 3分钟 | 600字 |
| 5 | 苗戏楼 | 3分钟 | 600字 |
| 合计 | | 19分钟 | 3800字 |

子任务3：根据讲解提纲，编写一份导游词，并提交至教学App。

## ✎ 评：点评提升

### 【例文呈现】

#### 九黎城·蚩尤大殿

游客朋友们，现在我们来到的是九黎城的蚩尤大殿。

蚩尤大殿是九黎城的灵魂工程，大殿共九开间，进深12.99米，殿高15.9米，其中最大的木柱直径为60厘米，采用的是俄罗斯柏木。殿内屋顶梁架雕有五匹巨大梁木，上面主要雕刻的是太极八卦、金书、宝剑和龙凤纹卷草、云纹等图案，象征着蚩尤的威严。

蚩尤大殿坐西朝东，是因为苗族是东夷族的后代，有尚东的习俗，而蚩尤是东夷集团九黎部落的首领，所以大殿朝向东方。在大殿正中供奉着纯紫铜打造的蚩尤神像，座像高5.99米，长3.3米，宽1.9米，重达40吨，是目前我国最大的蚩尤祖座像。蚩尤大殿除了供奉外，同时在大殿两边展示与蚩尤相关的器物、图片、图画、兵器和蚩尤发明的事项等。

在彭水南部与贵州接壤的武陵山脉中散布着大大小小的苗家村落，一种名为"告尤"的神秘祭祀盛行于此。在每年农历十月的第二个赶场日，女人赶制"牯子粑"用于代替祭祀中的活牛，男人则下田罩鱼，备好甜苗酒，准备一切祭祀用品。在祭祀这天，全村人聚集在苗家大堂，祭师念诵祭词，助手将"牯子粑"分成小块，把贡品分给族人同食，半小时内要饮9次酒，散祭品9次，供奉于9位祖公。仪式结束之后，族人同庆，酒过三巡，谈古论今，男人还会举行射箭、扳手劲、扭扁担等活动，女人于酒桌边顺手拿起板凳，跳起板凳舞。这场隆重的大典，所祭祀的就是传说中的战神——蚩尤。

关于蚩尤及蚩尤大殿，我就先介绍到这里，感谢大家的聆听。

### 【点评提升】

本篇导游词重点讲解了蚩尤大殿的建筑特色和与蚩尤相关的苗族风俗，让游客在直观感受蚩尤大殿宏伟壮观的同时又能全身心沉浸于苗族民风之中，虚实结合，讲解生动。建议对部分蚩尤大殿内的物件作进一步详细介绍。

## ✎ 练：模拟讲解

观看示范讲解视频或聆听音频，学习蚩尤九黎城的导游讲解。根据自己所编写的导游词，完成脱稿模拟讲解，视频作业提交到教学App。

# 任务四 濯水景区导游词编写及模拟讲解

## 濯水景区简介

濯水景区位于重庆市黔江区濯水镇，先后获得了"中国最具魅力名镇""国家历史文化名镇"等称号，是国家AAAAA级旅游景区。景区的民族特色突出。有后河戏、摆手舞、石鸡坨土陶、绿豆粉、泉孔酒等非物质文化遗产和丰富多彩的民族节庆活动。

### 教：景点特色分析

濯水旧名濯河坝，在先秦时属楚国，秦属黔中郡，汉属武陵郡，晋"永嘉之乱"后"没于蛮僚"，明清时属西阳冉土司管辖。千百年来，各民族文化在这里传承、融合和发展，巴楚文化、军塞文化、商贾文化相互交织，成就了这个独具特色的土家风情小镇。濯水景区的主要景点有吊脚楼建筑群、万天宫、万寿宫、天理良心碑、风雨廊桥和蒲花暗河。因此，在导游讲解时，土家族的民俗风情、吊脚楼建筑是重点和难点。

### 学：搜集整理资料

网站：黔江区人民政府
微信公众号：濯水古镇

### 做：编写导游词

子任务1：根据景区导览图，设计参观游览路线。
【参考路线】游客中心——石牌坊——古镇老街—风雨廊桥—濯水花田—蒲花暗河
子任务2：根据游览线路，编写讲解提纲。
【参考提纲】

| 序号 | 讲解要点 | 时间安排 | 字数（每分钟约200字） |
|---|---|---|---|
| 1 | 古镇概况 | 3分钟 | 600字 |
| 2 | 余家大院 | 3分钟 | 600字 |
| 3 | 万天宫 | 2分钟 | 400字 |
| 4 | 龚家抱厅 | 3分钟 | 600字 |
| 5 | 烟房钱庄 | 4分钟 | 800字 |
| 6 | 汪家作坊 | 3分钟 | 600字 |
| 7 | 汪本善旧居 | 3分钟 | 600字 |
| 8 | 光顺号 | 3分钟 | 600字 |

续表

| 序号 | 讲解要点 | 时间安排 | 字数（每分钟约200字） |
|---|---|---|---|
| 9 | 樊家大院 | 3分钟 | 600字 |
| 10 | 天理良心碑 | 5分钟 | 1000字 |
| 11 | 李家老街 | 4分钟 | 800字 |
| 12 | 万寿宫 | 4分钟 | 800字 |
| 13 | 风雨廊桥 | 5分钟 | 1000字 |
| 14 | 蒲花暗河 | 5分钟 | 1000字 |
| 合计 | | 50分钟 | 10000字 |

子任务3：根据讲解提纲，编写一份导游词，并提交至教学 App。

## 评：点评提升

【例文呈现】

### 濯水景区·龚家抱厅

游客朋友们，现在我们参观的是龚家抱厅。龚家抱厅修建于晚清时期，是西南地区少见的抱厅结构古建筑。这里也是我国著名气象学家龚沛光的故居。

渝东南一带土家族的建筑主要是吊脚楼，龚家抱厅也不例外。整栋建筑依地势而建，临街一面只有一层，临江一面则变成两层，吊脚接地。在街上看，楼的正面是朝着街上；从江边看，楼的正面又朝着江边。

大家站在这里向上看，上面修了一个四周通透的屋顶，形成一个冲天阁楼，给抱厅带来了极好的采光，同时又可以遮风挡雨。这一建筑形式极为罕见，是土家吊脚楼建筑中的珍品。

据传，龚家的祖上赶鸭子来到濯水，发现这里适合居住，就在此定居下来。为了在这样的少数民族集聚地立足，龚家在发展产业的同时，还购置枪械，组织私人武装。从清朝到民国，龚家都是镇上拥有枪支最多的家族，最多时有枪支3000余条，故有"龚家的杆子"一说。原酉属专员甘明蜀在《酉属视察记》中写道：史上濯水虽为富庶之乡，且商贩往来要道，但东北两面多乡联匪盘踞，时常火并，环境险恶。之所以少有匪患，在于龚家数十年力任地方公事，乐善好施，保境安民。

龚家后生除了袍哥，也有行医、经商、求学的，如抱厅的原主人龚沛光的父亲，就以行医为主。他乐善好施，为百姓做了不少好事，如遇荒年，还在抱厅外施粥救困，被镇上的人称为"活菩萨"，曾获赐"乐善好施"牌匾一块。

关于龚家抱厅，我先介绍到这里，接下来请大家随我继续参观游览。

【点评提升】

本篇导游词开始即强调了龚家抱厅是西南地区少见的抱厅结构的建筑，同时也指出这一建筑形式极为罕见，是吊脚楼建筑中的珍品，但是却并未详细介绍抱厅的基本构造、建筑工艺等内容，反而用大量的篇幅介绍了龚氏家族的发展，给人以头重脚轻、文不对题之感。建议在建筑方面多加了解并进行详细介绍。

✏️ **练：模拟讲解**

观看示范讲解视频或聆听音频，学习濯水景区的导游讲解。根据自己所编写的导游词，完成脱稿模拟讲解，视频作业提交到教学 App。

# 任务五 叠石花谷景区导游词编写及模拟讲解

## 叠石花谷景区简介

酉阳叠石花谷景区位于酉阳县板溪镇，距县城 12 千米，是一个集旅游、观光、休闲为一体的生态园扶贫示范景区，占地面积 3000 多亩，分为叠石花谷区和乡村艺术部落两大部分。两区呈"一"字形，从北至南，依次排开。其中，叠石区是叠石艺术巫傩文化区，在园区的北部；艺术部落是乡村艺术花卉观赏区，在园区的南部。

### ✎ 教：景点特色分析

叠石花谷引入武陵山区传承千年的巫傩文化，打造了极具视觉冲击力的叠石艺术大门、十二月神柱石阵、叠石魔坑、傩神像、图腾柱、巫傩神坛遗址等全部用石头垒砌的标志性景点，栽种了杜鹃、粉黛乱子草、柳叶马鞭草、墨西哥鼠尾草等特色植物近 1000 余亩。通过将叠石层、叠石艺术和巫傩文化相结合，是全球首个集合叠石艺术主题园区和巫傩文化展示园区的综合景区。叠石花谷表面欣赏的是叠石艺术，实则反映的是巫傩文化，因此在导游讲解时，理解巫傩文化是讲解的重点和难点。

### ✎ 学：搜集整理资料

网站：百度百科

微信公众号：叠石花谷景区

### ✎ 做：编写导游词

子任务 1：根据景区导览图，设计参观游览路线。

【参考路线】游客中心—叠石大门—十二月神柱石阵—图腾柱—巫傩神坛遗址—粉黛乱子草—二十四戏神

子任务 2：根据游览线路，编写讲解提纲。

【参考提纲】

| 序号 | 讲解要点 | 时间安排 | 字数（每分钟约200字） |
|:---:|:---:|:---:|:---:|
| 1 | 景区概况 | 3分钟 | 600字 |
| 2 | 桃源门 | 2分钟 | 400字 |
| 3 | 十二月神 | 2分钟 | 400字 |
| 4 | 天眼 | 2分钟 | 400字 |
| 5 | 好运门 | 2分钟 | 400字 |

| 序号 | 讲解要点 | 时间安排 | 字数（每分钟约200字） |
|---|---|---|---|
| 6 | 图腾柱 | 3分钟 | 600字 |
| 7 | 开山莽将 | 3分钟 | 600字 |
| 8 | 天作之合 | 2分钟 | 400字 |
| 9 | 三皇台、傩坛遗址 | 3分钟 | 600字 |
| 10 | 叠石遗迹 | 3分钟 | 600字 |
| 11 | 石来运转 | 2分钟 | 400字 |
| 12 | 三生石 | 2分钟 | 400字 |
| 13 | 粉黛乱子草 | 3分钟 | 600字 |
| 14 | 二十四戏神 | 5分钟 | 1000字 |
| 合计 | | 37分钟 | 7400字 |

子任务3：根据讲解提纲，编写一份导游词，并提交至教学App。

## 评：点评提升

【例文呈现】

### 叠石花谷·叠石遗迹

各位朋友，大家好。现在我们眼前这些生花的石头，学名叫叠层石，当地人称"石花"。它形成于5亿年前的温暖浅海环境中，由原核生物，即细菌、蓝藻等低等微生物产生的有机物沉积形成。由于细菌、蓝藻等单细胞微生物的生命活动会引起周期性的矿物沉淀，加之其对沉积物的捕获和胶结作用，形成的化石一般具有叠层状的结构特征，因此称为叠层石，这种化石是世界上最古老的生命化石。它形成于蓝绿藻的群体中，蓝绿藻丝状体能分泌出胶状黏液，捕获各种漂移的灰泥球粒，形成富屑纹层（又称亮层）。然后藻细胞生长，分布在富屑纹层的表面，形成富藻纹层（又称暗层），如此再重复便形成叠层石。

叠层石的出现具有重要的科学价值：一是它让地球大气含氧量急剧升高，为地球生命的诞生和演化打下了坚实基础；二是叠层石是藻类繁衍生息形成的生物遗迹，记录下了丰富的古环境信息，对恢复古地理、古气候与古环境具有重要的科学研究价值；三是科学家把叠层石标本磨成"光片"，在显微镜下观察"暗层"和"亮层"的厚度，再通过复杂的公式可以计算出地球的年轮，并由此获得大量古老的地球信息。

在我们整个叠石花谷景区内分布着大量的叠层石，这是目前发现的体量最大、年代最久远的叠层石遗迹。尽管叠石上曾经的生命早已消失上亿年，但在这里巫傩文化为叠石赋予了了新的生命。傩文化是中华文明的重要组成部分，是巴楚大地的文化之根，是土家族苗族等武陵山片区人民的精神信仰。而作为傩文化主要表现形式的"傩戏"，脱胎于上古时期的"傩仪""傩礼"，被誉为"中国戏剧的活化石"，是中国民间"仪式戏剧"的典型代表。"傩戏"在保留了上古"傩仪"的部分酬神、祈福仪式和面具的基础上，戏剧部分又增加了大量即兴互动、娱乐观众的内容，将人们生活中的喜怒哀乐、酸甜苦辣展现在戏台上，体现了傩戏围绕"人民日益增长的美好生活需要"，从祭祀祈福、祝愿还愿向喜庆抒情、艺术审美演变的过程。

好了，游客朋友们，关于叠石生花与傩文化我就先介绍到这里。接下来，请大家随我继续参观游览。

【点评提升】

本篇导游词从叠石遗迹讲解了叠层石的形成过程及其科学价值，并且在此基础上给游客介绍了酉阳的巫傩文化，将叠石花谷的自然景观与人文特色巧妙地融合在了一起，但略显不足的是在对傩文化讲解部分缺少对酉阳特色的挖掘。建议讲解时可以将酉阳傩文化的精髓进一步深入阐释。

## 练：模拟讲解

观看示范讲解视频或聆听音频，学习叠石花谷景区的导游讲解。根据自己所编写的导游词，完成脱稿模拟讲解，视频作业提交到教学 App。

# 参考文献

[1] 重庆全国导游资格考试统编教材专家编写组.导游服务能力：重庆导游现场考试实务[M].北京：中国旅游出版社，2021.

[2] 杨辉隆，杨源.重庆导游词[M].北京：中国旅游出版社，2006.

[3] 隗瀛涛，沈松平.重庆史话[M].北京：社会科学文献出版社，2000.

[4] 李庆.重庆旅游资源概论[M].上海：格致出版社，2015.

[5] 章创生，范时勇，何洋.重庆掌故[M].重庆：重庆出版社，2013.

[6] 《亲历者》编辑部.重庆深度游 Follow Me [M].5版.北京：中国铁道出版社有限公司，2022.

[7] 刘敏.重庆地理[M].北京：北京师范大学出版社，2020.

[8] 李小强.大足石刻十八讲[M].南京：江苏凤凰美术出版社，2022.

[9] 唐亮亮，周涛，陈伟海.世界遗产在武隆[M].重庆：西南师范大学出版社，2021.

[10] 梅龙.中国三峡导游文化[M].北京：中国旅游出版社，2011.

[11] 夏凯生，肖泽平，袁昌曲.濯水：蒲花河流域自然人文研究[M].重庆：西南师范大学出版社，2020.

[12] 傅远柏，章平.模拟导游[M].2版.北京：清华大学出版社，2022.

[13] 范志萍，张丽利.导游词创作与讲解[M].2版.北京：中国旅游出版社，2023.

[14] 张骏，李国平.山水城林 天下文枢：历届导游大赛南京优秀讲解词拾萃[M].南京：南京大学出版社，2018.

[15] 蓝锡麟.重庆旅游风景区图典：缙云山、北温泉、钓鱼城[M].重庆：重庆出版社，2003.

[16] 汪亚明，徐慧慧，王显成.导游词编撰与讲解实务[M].北京：旅游教育出版社，2021.

[17] 袁庭栋.巴蜀文化志[M].成都：四川人民出版社，2022.

[18] 《发现者旅行指南》编辑部.重庆[M].北京：旅游教育出版社，2016.

[19] 申红兴.2022年全国职业院校技能大赛高职组导游服务赛项成果转化[M].北京：中国人口出版社，2022.

[20] 龙红.风俗的画卷：大足石刻艺术[M].重庆：重庆大学出版社，2009.